COURS

D'ORTHOGRAPHE

ET

DE PONCTUATION,

SUIVI

Des Eléments de la Grammaire française,

Dédié à la jeunesse des deux sexes, par POMPÉE, *Professeur de langues à Besançon.*

L'orthographe n'est pas l'ouvrage de la mode :
La raison, la nature en ont dicté le code ;
Et l'on ne peut écrire une lettre, un accent
Qui ne soit consenti par ce code puissant.

A PARIS,

Chez Brunot-Labbey, Libraire, quai des Augustins, n.º 33.

M. DCCC. XV.

PRÉFACE.

Le premier livre d'une nation est le dictionnaire de sa langue, a dit M^r. de Volney. Le dictionnaire, en effet, est le dépôt du sens propre et des diverses acceptions des mots, il est le commentaire de la grammaire et le sanctuaire d'une langue; mais il cesse d'être ce premier livre sous le rapport de l'orthographe: à moins que de le feuilleter sans cesse.

La grammaire (qui est sans contredit le premier échelon pour s'élever aux plus hautes conceptions de la métaphysique), serait le second, si elle enseignait les nombreuses variétés qui existent dans la peinture d'un même son, dans quel cas on doit peindre ce son d'une manière plutôt que d'une autre, pourquoi telles lettres qui sont muettes pour l'oreille sont cependant si nécessaires à l'esprit du mot; mais il n'y a rien de tout cela.

On enseigne l'orthographe au moyen de la langue latine; tout le monde sait combien il est insuffisant et combien peu étudient cette langue. Touts les autres français, et sur-tout les demoiselles, sont donc privés de ce moyen, quoique imparfait, et condamnés à travailler long-temps sans avoir la certitude du succès.

Il y a mille et mille grammaires, et il n'y a peut-être pas dix ouvrages qui traitent spécialement de l'orthographe. Parmi les grammaires, peu sont classiques, et de ces dix ouvrages, pas un ne l'est. Cela n'est pas étonnant : il n'y a pas de corps uniquement destiné à l'enseignement de l'orthographe. On enseigne publiquement les langues, les mathématiques, l'histoire naturelle, etc. : voilà pour les riches ; ceux-ci trouvent des ouvrages et des professeurs : Le pauvre n'a besoin que de l'orthographe, et personne n'a travaillé pour lui ; il ne trouve que des maîtres d'école qui lui font apprendre les désinences des verbes, celles du féminin et du pluriel, et qui abandonnent tout le reste à la routine d'un travail long, fastidieux et rebutant.

Vous qui n'étudiez pas le latin, et vous qui serez peut-être les premières institutrices de vos enfants ! je veux vous venger de cet oubli injurieux ; je serai votre orthographiste, votre grammairien. L'orthographe ne sera plus un' problème ; celle qu'on appèle d'*usage* disparaîtra, et il n'y en aura plus qu'une seule qui sera celle de la raison d'accord avec l'orthographe savante.

Il vous manquait, il manquait à touts les français un livre élémentaire qui, dépouillé de termes scientifiques, fût compris de tout le monde ; un livre national, populaire qui traitât essentiellement de l'orthographe et qui fît concevoir le mécanisme du langage; un livre qui répandît même quelque attrait sur une étude qui a été si aride jusqu'à ce jour. Eh bien ! ce livre, j'ai osé l'entreprendre. Jeunesse française je vous en fais hommage. S'il' vous est utile, je dirai avec plaisir ; (avec orgueil peut-être), et moi aussi, j'ai fait un livre qui doit être, sinon le premier, au moins le second livre de la nation.

La partie orthographique de cet ouvrage ne m'appartient pas entièrement. J'ai puisé plusieurs règles dans une brochure intitulée *Remarques sur l'ortho-graphe*, par Mr P ★ ★ ★; elle contient aussi un dictionnaire des familles. Ce livre est resté pour ainsi dire inconnu, parce qu'il était loin d'atteindre le but qu'il avait signalé. Moi-même j'avais fait alors une méthode d'orthographe que j'avais livrée à l'impression et que je retirai quand je connus les *remarques*; je conçus dès-lors le projet de fondre l'ouvrage de Mr. P * * * et le mien, pour en faire un ensemble complet. J'ai à cet effet scruté touts les mots du dictionnaire, et il en est très-peu dont je n'indique la raison orthographique. Cependant, je me hâte de rendre à l'auteur des *remarques* tout ce que je lui dois; trop heureux, si, aidé de ses recherches, j'ai pu en faire d'autres et présenter enfin quelque chose qui répondît aux vues qu'il s'était proposées.

Quelquefois, à défaut de raison de famille, j'ai été obligé d'employer, dans mon dictionnaire, des mots analogues, des synonymes et même des contraires, sur-tout quand il s'est agi de rendre raison du son *S* écrit par *C*. On connaît l'utilité et le charme des rapprochemens.

Les règles sur la ponctuation et la partie grammaticale m'appartiennent, puissè-je avoir mieux réussi que mes prédécesseurs; j'ai traité ces deux objets succinctement parce que j'ai compté beaucoup sur les développemens que MM. les instituteurs voudront bien y donner.

Les pauses et les inflexions de la voix sont l'ame du discours parlé, la ponctuation est l'ame du discours écrit. Il semble, d'après ce précepte, qu'il suffit de baser les règles de la ponctuation sur les pauses et sur les inflexions de la voix, c'est ce que quelques-uns ont fait; mais ils n'ont pas réfléchi que de telles

règles sont trop vagues pour l'écolier , que des pauses
plus ou moins longues sont subordonnées à la respi-
ration ou à la volubilité de celui qui parle , que les
inflexions de la voix ne sont pas toujours justes dans
tous les individus, et qu'enfin l'enseignement de la
ponctuation ne peut être raisonnablement fondé que
sur des principes grammaticals et logiques.

La partie grammaticale contient quelques idées
neuves, surtout à l'égard du verbe : c'est un champ
nouveau que j'ouvre aux métaphysiciens. La manière
d'analyser, que je présente, parroîtra peut être bisarre
à ceux qui ne connoissent que la routine ; mais on
n'a qu'à s'y exercer quelques instants et l'on verra
qu'elle offre trop d'avantages au maitre et à l'écolier,
qu'elle est trop lumineuse et en même temps trop
exacte dans toutes ses parties pour n'être pas adoptée.

Quant aux régles que je donne sur l'orthographe,
je ne prétends asservir qui que ce soit à les suivre
exactement. Quelque puissantes que soient mes raisons ,
je sais que l'orthographe a des licences qui tendent
à la célérité de l'écriture , telles que la suppression
du t dans les terminaisons *ent* , *ant* et autres , celle
de quelques consonnes qu'on pourraît doubler etc. , et
je suis loin de les condamner.

Je conviendrai , si l'on veut , qu'il est inutile,
même oiseux de connaître l'étymologie des mots, de
savoir comment ils se sont formés, quelles altérations
ils ont subies , par quelle filière ils ont passé pour
arriver jusqu'à nous, quels accidents ont signalé les
diverses époques de leur existence ; cependant, toutes
ces choses qui paraissent inutiles quand on sait, sont

nécessaires quand on apprend; elles parlent aux yeux, frappent l'intelligence, aident la mémoire; elles décèlent l'esprit du mot, piquent la curiosité, lèvent les doutes et les éclaircissent, et préviennent les équivoques; toutes ces choses enfin, forment une méthode qui est, pour le maître et pour l'écolier, le guide le plus fidèle et le plus éclairé.

Je me flatte que cet ouvrage peut devenir classique et être employé avec succès dans les écoles primaires des deux sexes : et si l'on réfléchit que la langue latine est souvent muette ou contradictoire à l'égard de nos raisons orthographiques, on s'en servira aussi dans les Lycées. Ce seroit un second moyen non moins puissant que celui que fournit la langue latine, pour développer le mécanisme de notre langue et pour aiguiser la sagacité des élèves par les rapports des mots d'une même famille : rapports qui sont tels, que mon cours d'orthographe est un cours de langue française.

Les règles que je présente ne seront pas une étude pour la plûpart les maîtres; ils y trouveront plusieurs idées qu'ils ont eues, mais qu'il fallait réunir en un corps d'ouvrage pour les rendre généralement utiles. Je rappèle seulement à MM. les instituteurs qu'ils doivent s'appliquer à indiquer l'analogie qui existe entre les mots du dictionnaire des raisons orthographiques, sans avoir recours au latin : leurs élèves ne l'ont jamais appris.

Nota. Les renvois par numéro servent à rapporter les passages qui traitent de la même matière et à les éclaircir l'un par l'autre.

VIII

Ouvrages de l'auteur qu'on trouve chez le même libraire.

. Manuel du Sténographe enrichi du tableau des signes et suivi du Dictionnaire des homographes sténogra-phiques, ouvrage avec lequel on peut apprendre, sans maître, à suivre la parole d'un orateur.

Etude de langue allemande basée sur les racines de cette langue.

A V I S.

L'auteur ouvre un cours d'orthographe touts les mois, dans son domicile rue des Granges, n.° 501, à Besançon. Le cours est de quatre mois, et de vingt francs, y compris cet ouvrage.

Il y a toujours une séance réservée aux Demoiselles

Le cours pour la ponctuation seulement, est d'un mois et de six francs.

Il continue de donner des leçons particulières.

A BESANÇON,

De l'Imprimerie de Claude-François MOURGEON,
Imprimeur du Roi.

M. DCCC. XV.

COURS
D'ORTHOGRAPHE
ET
DE PONCTUATION.

1. *Des Lettres.*

Les lettres seules ou réunies sont les signes représentatifs des sons de la voix et des mouvemens des organes de la parole, et en même temps le nom de ces mêmes sons de voix et de ces mêmes mouvemens d'organe.

Il importe, pour l'étude de l'orthographe, de nommer les lettres ainsi qu'il suit : *a*, *be*, *ce*, *de*, *e*, *fe*, *ge*, *ache*, *i*, *ji*, *ke*, *le*, *me*, *ne*, *o*, *pe*, *qe*, *re*, *se*, *te*, *u*, *ve*, *xe*, *y grec*, *ze*, etc.

Ces lettres se divisent en voyelles et en consonnes : les voyelles sont *a*, *e*, *i*, *o*, *u*, *y*. Toutes les autres lettres sont des consonnes, excepté *h* qui n'est ni voyelle ni consonne, et qui est le signe d'une émission d'air, quand cette émission n'est pas accompagnée d'un son de voix.

Une émission d'air accompagnée d'un son est représentée par une ou plusieurs voyelles réunies ou par des voyelles accentuées.

Une émission d'air accompagnée d'un son, et arrêtée à son passage par le mouvement d'un des organes de la parole est représentée par une ou plusieurs consonnes et le son émis.

2. *Organes de la parole.*

Les organes de la parole sont la gorge, la langue et les lèvres.

La gorge articule *gue*, *que* et les voyelles.

La langue articule contre le palais ou les dents, *je*, *ch*, *d*, *t*, *ill*, comme dans *merveille*, *l*, *r*, *z*, *s*. Les lèvres articulent *b*, *p*, *v*, *f*, *m*.

Et *n* et *gn*, qui prennent un son nasal se nomment *nasales*.

Les lettres articulées par la gorge se nomment guturales ; celles articulées par la langue, linguales, et celles articulées par les lèvres, labiales (*).

3. *Lettres supplémentaires.*

Quelques lettres ne sont que supplémentaires des autres, telles sont *c* supplémentaire de *s*, et de *q*, *k* supplémentaire de *q* ; *x* qui représente *gs*, *qs* ou *s*, et *y* qui est pour deux *i* ; *g*, qui est gutural, est aussi supplémentaire de *ji* qui est lingual.

4. *Des Accents.*

1.° La lettre ε nue a deux sons : celui qu'on lui connaît dans *me*, *te*, *se*, *le*, *je*, etc., et celui qu'on lui connaît dans la dernière syllabe des mots *dire*, *bile*, *vole*, *bise*, *fille*. On nomme ce dernier ε *muet*; car il ne sert que d'appui à la consonne qui précède, afin que cette consonne puisse faire une syllabe séparée de la voyelle qui la précède.

2.° Cette même lettre surmontée de cet accent (´) a le son qu'on lui connaît dans les mots *sévérité*, *révélé*, *zélé*, *réparé*. Cet accent se nomme *aigu*.

3.° Cette même lettre surmontée de cet accent (`) a le son qu'on lui connaît dans les mots *abcès*, *près*, *très*, *père*, *mère*, *frere*, cet accent se nomme *grave*.

4.° Cette même lettre enfin, surmontée de ces deux accents réunis (^) a le son qu'on lui connaît dans les mots *fête*, *tête*, *prêter*. On le nomme accent circon-

(*) On parle aussi de palatales, de dentales et autres ; mais les dénominations que je donne suffisent pour se rendre compte des opérations de nos organes par rapport a l'orthographe.

flexe ; nous le nommerions mieux accent supplémentaire, parce qu'il remplace presque toujours un *e* ou
un *s* abandonné qu'on retrouve dans un des mots
de la famille, voy. 17 et le dict. Il en est de même
quand on l'emploie sur les autres voyelles dont il rend
le son plus grave et plus étendu. Exemples comparés :

Son aigu : *quitte*, *patte*, *monétaire*, *butte*, *tette*
Son grave : *gîte*, *pâte*, *aumône*, *flûte*, *tête*.

Quelquefois celui-ci et l'accent grave ne sont que des
signes distinctifs pour des mots qui, avec le même
son, présentent des sens différents : voy. les homonymes.

5.   *Signes supplémentaires.*

1.º LE TRÉMA (¨). Quand on veut marquer la
prononciation distincte de l'une des deux voyelles qui,
réunies, n'auraient qu'un seul son, on la surmonte
de deux points qu'on nomme *tréma*. Exemples, *naïf*,
haïr, *ciguë*, *aiguë*, *poéte*, *héroïsme*, *que*, sans tréma,
on prononcerait *naif*, *haire*, *cigue*, *héroisme*.

H sert aussi à séparer deux sons qu'on veut prononcer séparément. Exemples : *cahier*, *dehors*, *cahot*,
cahutte, *envahir*, etc.

2.º L'APOSTROPHE (') sert à remplacer la voyelle
dans les mots *je*, *me* *te*, *se*, *ce*, *le*, *la*, *de*, *que*,
ne, *entre*, *quelque* et *si*, quand ils se trouvent avant
un mot qui commence par une voyelle ou par un *h*
non aspiré. Exemples.

J'étais, pour *je étais*, *j'avais* pour *je avais*, *l'arbre*
pour *le arbre*, *l'arme* pour *la arme*, etc. *Si* ne perd
son *i* qu'avant *il*, *ils* : *s'il vient*, *s'ils étudient*.

3.º La CÉDILLE (¸) se met dessous le *c* supplémentaire de *s* quand il se trouve avant *a*, *o*, *u*,
comme dans *leçon*, *commença*, *apperçu*.

4.º Le TRAIT D'UNION (-) sert à lier deux ou plusieurs mots qui n'expriment qu'une seule idée, comme
basse-cour, *grand-mère*, *petit-fils* ; il sert à lier les
mots *je*, *tu*, *il*, *elle*, *nous*, *vous*, *ils*, *elles*, *en*,
y, *ce*, *moi*, *toi*, *lui*, *leur*, quand ils se trouvent

après un verbe. Exemples : *donne - moi*, *viens-y*, *reçois-en*, *écris-je*, *dit-il ;* et pour séparer le T ou le s postiche dans les mots suivants et semblables : *aime-t-il*, *charme-t-il*, *donne-s-y les mains. Donne-s-en*, *apporte-s-y tes soins.* On devroit aussi l'employer pour *si-l-on* au lieu de *si l'on ;* car l'apostrophe fait croire que L est pour LE ou LA.

6.   *Réunion des voyelles.*

Les lettres, les accents et les autres signes que nous avons vus, sont les matériaux qui doivent servir à rendre sensibles touts les sons français et à les écrire convenablement.

Les accents et la combinaison de quelques voyelles nous ont aidé à représenter d'autres sons que *a* , *e*, *i* , *o* , *u*, et de même qu'il y a des lettres supplémentaires pour rendre de diverses manières certains mouvemens d'organes, de même il y a des manières supplémentaires pour rendre tels ou tels sons de voix, selon les raisons que j'expliquerai ci-après, voy. de 30 à 42.

7. *Figures analogues de touts les sons simples de la voix.*

A	É	È	I	O	U	EU	OU	AN	IN	ON	UN	OIN
ac	ée	ès	id	oc	ue	eue	oud	anc	inct	onc	uns	oing
ah !	ef	ê	ie	oh !	ues	eues	ouc	and	ingt	ond	unt	oins
ha !	éh!	ecs	ies	op	ù	euf	oues	ang	inq	ong	unts	oint
ha	er	ect	ient	oq	ul	eufs	ouent	ans	ins	ons	um	
ap	és	eg	is	os	us	eus	ouls	ant	int	ont	ums	OA
as	ez	ei	ist	ost	ut	eut	oup	aen	ín	om	hum	oi
at	oë	ept	it	ot	ux	eux	ous	aon	int	omb	huns	oie
â	ai	es	ix	oth	u	œ	out	am	im	omp	eun	oid
ât	hé!	est	î	ô	ût	œu	outs	amp	aim	ompt		oigt
ao		et	í	ôt	uth	œud	oux	en	ain	oms		ois
à		ét	ît	ho	hu	œuds	où	end	ainc	hon		oit
e		hè	y	hô	hue	œuf	oul	ens	aint	hons		oix
		ai	hi	hot	hut	œufs	oût	ent	ein	aon		oît.
		aid	hie	au	eu	œux	outs	em	eing	aons		
		aie	his	aud	eue	heu	août	emp	eint			
		ais	hit	aut	eut	eue	où		en			
		ait	hy	ault	eû	e	hou		emp			
		aix		eau	eût		houx		ent			
		aî, aît		etc.					ym			
									yn			

(5)

J'ai omis le *s* ou le *x* comme signe *s* du pluriel, quand je n'ai pas eu de place; mais voy. 28,

8. *Figures analogues de touts les sons doubles de la voix.*

Les sons simples se réunissent encore de diverses manieres , sur-tout avec l'*i* , ou autre son , ainsi qu'il suit :

IA	IÉ	IÈ	IO	IEU	IAN	IEN	UI	UIN
ias	ied	iai	io	ieue	iant	ient	uid	uint
ia	iéent	iais	iau	ieues	iants	ien	uie	ouin
hia	ier	iait	iaux	ieux	ian	——	uient	ouins
ie	iez	iaient	iot	ieu	ien	ION	uis	oui
——	hier	ie	iots	ieux	ient	ion	—uit	oui
UA	jai	hié		yeux	ien	ions	hui	ouet
oua							huis	oê
							huit	oe

9. *Figures de touts les mouvemens simples des organes de la parole.*

Outre les lettres supplémentaires , voy. 5 , les consonnes se réunissent de diverses maniéres , pour se servir mutuellement de supplément , selon les raisons que j'expliquerai ci-après. Voyez de 79 à 88.

B	D	F	J	GUE	L	IL mouil.	M	N
bb	dd	ff	g̃	gg	ll	il	m	nn
	d'	ph	j'	c	l'	ill	m'	n'
bs					ls		ms	ns

P	Q	R		S		T	V	H
pp	cq	rr	rg	ss	c	tt	f	GN
ps	qu'	r'	rt	s'	c'	t'	——	CH
	cs	rs	rre	ses	ç	ts	z	SCH
	c	rh	rres	sc	t	th	s	
	cc	rrh	rrent	sse	x	d	-s-	
	ch	rc		sses		-t-		
	k	rd		ssent				
	g	res						

10. *Figures de touts les mouvemens doubles des organes de la parole.*

bl   br   fl   fr   gl   gr   pl   pr   cr   tr
bbl   fil   ffr   ggl   ggr   ppl   ppr   ccr   ttr
      phl   phr   chr   tr'

dr, cl, pht, pn, ps, scr, sph, spl, squ, st, str, sv, vr, et gn guttural, comme dans *gnome*, opposé à *gn* nasal.

On peut ajouter à la plûpart des mouvemens d'organe simples et doubles *e*, *es*, *ent*, comme on le voit au *rr* et au *ss*, pour former quelques personnes des verbes. voy. 25.

11.   *Des Syllabes et des Mots.*

On appelle syllabe une seule émission de voix précédée ou suivie d'un mouvement d'organe simple ou double. Une ou plusieurs syllabes forment un mot, un mot représente une idée.

Les sons de la voix et les mouvemens d'organe n'étant pas toujours représentés par des lettres simples, (comme on vient de le voir par les tableaux précédents.) On ne peut plus nommer voyelles ni consonnes des réunions de lettres qui forment même quelquefois des syllabes : nous nommerons plus simplement les voyelles, les consonnes et même les syllabes sons.

Comme ces sons peuvent être écrits de diverses manières, nous nommerons ces diverses manières d'écrire le même son, ANALOGUES, et nous dirons par rapport au son : le son *a*, le son *o*, le son *s*, le son *la*, le son *sè*; et, par rapport aux analogues, nous dirons : *au*, *eau*, *aud*, sont des analogues de o ; *ss*, *c*, *ç*, *sc*, sont des analogues de s ; *las*, *lat*, *la*, sont des analogues de LA ; *scais*, *s'est*, *sai*, sont des analogues de SÈ.

De sorte que nous distinguerons les lettres par voyelles et consonnes, les syllables ou sons par analogues, et les sons seuls ou réunis qui présenteront une idée seront appelés mots.

12 *Longueur et briéveté des sons ou quantité*

Il faut diviser les sons en longs et en brefs. On appèle longs ceux qu'on prononce longuement, et brefs ceux qu'on prononce rapidement. Il suffit de l'oreille pour saisir cette différence, et cette différence de sons se nomme QUANTITÉ.

Exemples comparés.

Sons longs,	Sons brefs.	Sons longs,	Sons brefs.
haute	une hotte	il embrase	il embrasse
il saute	une sotte	un bâton	nous battons
vous lavez	il lavoit	la pâte	une patte
le ·mâle	la malle	une côte	il cotte
une île	une illusion	la tête	il tette.

Ces exemples suffiraient, si la différence était toujours aussi sensible ; mais il y a des cas délicats et embarrassants pour l'orthographe des mots de plusieurs syllabes : on aura recours alors aux règles suivantes.

1.° Un son n'est long ou bref, que par comparaison à un autre son pris dans le même mot.

2.° Si, dans le même mot, il y a deux sons semblables de suite, et quelle que soit la manière dont ils soient écrits, ces deux sons sont égaux : c-à-d. qu'ils ne sont ni longs ni brefs.

3.° S'il y a, dans le même mot, des sons dissemblables, on observera ce qui suit : les voyelles *a*, *e*, *i*, *o*, *u*, sont égales entr'elles. Les voyelles accentuées, les sons composés de plusieurs voyelles, les sons nasals, les analogues finals quand ils sont terminés par l'une des lettres r, s, z, sont égaux entr'eux ; mais ces sons deviennent longs à l'égard de *a*, *e*, *i*, *o*, *u*, et ceux-ci deviennent à leur tour brefs, à l'égard des sons précédents.

4.° a, e, i, o, u, que nous avons vus égaux entr'eux, puis brefs à l'égard des sons composés, des voyelles accentuées, des voyelles nasales, et des analogues finals, sont longs à l'égard d'un son suivi d'une consonne dure, de deux consonnes égales ou de *x*, voy. 13. *i* et *u* sont le plus souvent longs.

5.º a , e, i , o, u, suivis d'une consonne douce, ou précédés de la lettre h sont longs.

Une voyelle suivie de *ch* , *ph*, *rh*, *sh* , est longue. Dans les sons finals, т accompagne volontiers un son bref, et в, s, z , accompagnent volontiers un son long, voy. 5.º ci-dessus.

13.   *Division des consonnes.*

Pour expliquer les deux derniers papagraphes 4.º et 5.º , je diviserai les consonnes en douces et en dures ainsi qu'il suit :

Consonnes douces , b d v gue z ajoutez c s.
Consonnes dures ,   p t f q,c s ajoutez k x.

Cette différence est le résultat de la pression plus ou moins forte de l'organe sur tel ou tel mouvement. Par exemple, on serre plus fortement les lèvres pour prononcer *p* que pour prononcer *b* et ainsi des autres.

l , *m*, *n* , *r* , sont douteux, c'.-à-d. qu'on les emploîra comme douces ou dures selon les règles de la reduplication.

14.   *Reduplication des consonnes.*

1.º Les consonnes douces ne se redoublent pas, c'.-à-d. qu'on n'en met pas deux égales de suite, excepté :

в dans les mots abbé , rabbin et leurs dérivés.

в dans les mots addition, (*adjonction*), adducteur et leurs dérivés.

guг dans les mots agglutiner, agglomérer, aggraver et leurs dérivés. (On peut écrire ces mots avec un seul *g*).

2.º Les consonnes dures se redoublent après une voyelle brève : aucune consonne ne se double après un son long. Voy. 12. *Exemples comparés.*

s se double toujours entre deux voyelles quand il est l'analogue dur de z.

3.º On ne redouble pas la consonne entre deux sons semblables. Voy. 12 2.º Quoique le son paraisse bref à l'oreille. Exemple :

Honorer, peureux, natal, sonore, fatal, saumo-
neau, autorité, édifice, inimitié, acaparer, caracoler,
taureau.

4.° D'après le vœu des règles ci-dessus, on écrit :

Avec reduplication,	sans reduplication.
Nommer, nommément,	nominatif, nominal.
Honneur, honnête,	honorer, honoraire.
Sonner, sonneur,	sonore, sonomètre.
Abattis, abatteur,	abatage, abatures.
Arrêt, arrhes,	aride, aromates.
Aller, allant, allégorie,	aliment, amuser.

5.° On double encore le n et le t finals d'un mot
qu'on agrandit à la fin. Quant au n, cela se rencontre
dans les présents des conjonctifs de quelques verbes en
endre et des verbes en enir. Voy. 25 3.°

Bon, bonne.	Tan, tanner.	Ruban, rubannier.
Mien, mienne.	Don, donner.	paysan, paysanne.
Trot, trotter.	Bot, botte.	Vieillot, vieillotte.
Sot, Sotte.	Violet, violette.	Muet, muette.
Que je tienne.	Que je prenne.	Qu'il vienne.

6.° On double encore les consonnes dures et dou-
teuses qui commencent un mot, quand ce mot s'a-
grandit au commencement d'un des sons a, e, i, o,
co, re, su. Voy. 15.

7.° Et enfin, f, se redouble même après un son
composé et l'on écrit : souffle, souffrir, pantouffle
(si ce n'est abusif ; c'est au moins inutile).

Quoique les règles sur la reduplication des consonnes
soient basées sur la valeur réelle des sons, l'usage les
contrarie quelquefois, et nous oblige à nous défier des
règles 4.° et 5.°

Nous remarquerons que l'orthographe française tend
toujours à se débarrasser des consonnes doublées. Il y
a même deux sortes d'orthographe au sujet de la reduplication. Plusieurs grammairiens, Restaut entr'autres,
ne mettent qu'une consonne où l'Académie en met deux.
Nous profiterons de cette licence pour doubler ou ne
pas doubler, selon que cela cadrera mieux avec nos
règles.

Voyez d'ailleurs l'orthographe des terminaisons, de 43 à 78, et la table suivante qui sont l'une et l'autre une liste de remarques exactes.

15. *Reduplication des consonnes.*

Après les pressyllabes *a*, *e*, *i*, *o*, *co*, *re*, *su.* Voy. 14 6.°, les consonnes dont je ne parle pas ne se redoublent pas.

Après a

c gutural et r se redoublent sans exception, sauf entre deux sons égaux.

n dans les dérivés de nonce, an, noter, et dans anneau, annexe, pas ailleurs.

p, r sans exception.

s toujours quand le son est analogue dur de z, même entre deux sons égaux.

t toujours.

Après e.

f toujours. Voy. 14, 7.°

l dans elle, ellébore, ellypse et pas ailleurs.

m dans emmaigrir, emmener, emmancher, emmanteler et emmuseler, c'.-à-d. que le son *en* s'écrit par *em* avant les mots simples qui commencent par *m*.

n seulement dans ennemi, ennui, ennoblir.

r seulement dans errer, erreur, erroné et leurs dérivés.

Après i.

l, m quand la pressyllabe *i* forme négation ou signifie *dans*, exemples : illimité, illustre, immortel.

n seulement dans inné, innocent, innombrable, innover.

r quand *i* forme négation comme dans irréfléchi, irrésolu.

Après o.

c gutural toujours, il double aussi le c lingual comme dans occident, occiput, occire.

r toujours.

p seulement dans opportun, opposer, opprimer, opprobre et dans leurs dérivés.

t seulement dans ottoman et ses dérivés.

Après une voyelle précédée de H.

Ces remarques font exception à la régle 12 5.°

Après ᴴᴬ *l* dans halle et hallebarde. ɴ dans hanneton, *p* dans happer et happelourde.

Après ᴴᴱ *l* dans héllénisme et ses dérivés. *n* dans hennir.

Après ᴴᴵ *p* dans hippocondre, hippomanes et autres mots techniques.

Après ᴴᴼ *m* dans hommage et homme.

n dans honnir, honneur et leurs dérivés, (voy. 9ᵉ.) sauf entre deux sons égaux.

r dans horreur, horrible et dérivés.

Après co et coɪ.

ғ dans coffre, coiffe et leurs dérivés.

ʟ dans collation, colle, collecte, collége, collégue, collet, colline, collision, collusion et leurs dérivés.

ᴍ toujours, excepté dans comédie, comestible, comète, comité et leurs dérivés.

ɴ toujours entre deux voyelles.

ʀ toujours entre *a*, *e*, *i*, *o*, *u*, (pas *y*.)

Après ʀᴇ.

ᴍ dans remmailloter et remmener. *Prononcez*, ranmailloter, ranmener.

Après sᴜ.

c seulement dans succin, succinct, succès, succomber, succulent, succursale et leurs dérivés.

ʀ dans supplanter, suppléer, supplier, supplique, supporter, supposer, supprimer et leurs dérivés, excepté les composés de *super*, superficiel, superfin.

16. *Familles ou filiation des mots.*

Si l'on considère les consonnes d'un mot comme la charpente d'un édifice ou bien comme un caneyas dont les interstices peuvent être remplis de différentes façons, et les voyelles comme les matières destinées à les remplir, on concevra comment un même assemblage de consonnes peut prendre des formes différentes, selon les voyelles qu'on mettra entr'elles. Par exemple, de *l b r* je peux faire *l a b* ou *r*, *l a b* ou *rer*, *l a b* ou *r* ant, *l a b* or ieux, él *a b* or er. Tous ces mots ont un air de FAMILLE, ils présentent tous la même idée : celle du travail.

D'abord, j'ai placé différentes voyelles entre les mêmes consonnes et j'ai obtenu des mots différents ; ensuite j'ai placé des syllabes avant ou après, et j'ai obtenu d'autres mots qui renferment toujours l'idée contenue dans le premier mot de la ligne ; d'où il suit qu'on nomme ce premier mot MOT-RACINE, et les autres MOTS-DÉRIVÉS.

17.   *Formation des mots.*

Les syllabes qu'on met avant le *mot-racine*, pour l'agrandir, se nomment PRESSYLLABES, et celles qu'on met après s'appellent POSTSYLLABES OU TERMINAISONS.

1.° Les pressyllabes sont pour la plûpart des prépositions défigurées. Ce sont *a, ab, abs, ad, anti, anté ; co, con, com, contra, contre, circ et circon ; de, dé, di, dio ; e, é, ex, extra, en, entre ; i, in, inter ; mé ; o, ob ; par, per, pro, pré, pour, post ; re, ré, rétro ; sé, su, sub, sus, sons, sou ; trans ; un, uni.* voy. 96, 70.

2.° Les postsyllabes sont *able, ade, age, ailles, aire, ance, ence, âtre, ion, ier, ière, esse, et, ette, eux, euse, ible, ice, ie, ien, if, ive, ile, ique, isme, ment, oir, oire, ot, ote, ouille, rée, tée, sée, rie, té, ude, ule, ure,* etc. Plus toutes les terminaisons des verbes. Voy. 25 (*).

Les mots se forment encore de deux ou plusieurs mots réunis, soit par contraction (resserrement),

---

(*) J'avais le projet de donner le sens des pressyllabes et des postsyllabes ; m us je n'ai pas regardé cela comme essentiel dans un livre élémentaire.

par addition et par des traits d'union. Voy. 5. Les mots ainsi formes s'appellent ᴍᴏᴛꜱ ᴄᴏᴍᴘᴏꜱᴇꜱ.

18. *Exemples de la filiation des mots ou mots de la même famille.*

	tour	(mots-racines.)			port	
	tour	s			port	er
	tour	ner			port	eur
	tour	neur			port	euse
	tour	nure		rap	port	
	tour	noyer		rap	port	er
	tour	noyement		rap	por	teur
	tour	billon			sup	port
	tour	billoner		sup	port	er
dé	tour			sup	port	able
dé	tour	ner	in	sup	port	able
au	tour				port	atif
pour	tour				port	ée
con	tour			trans	port	
con	tour	ner		trans	port	assions
con	tour	nant		col	port	er
con	tour	nons		col	port	eur
a	tours		re	col	port	er
chan	tour	ner		dé	port	er
re	tour			dé	port	ation
re	tour	ner		im	port	ation
re	tour	nerons		ex	port	ation
re dé	tour	ner	ré im		port	ation
re con	tour	ner	ré ex		port	ation.

19. *Exemples de mots composés par contraction ou par addition.*

Mots naturels.	*Mots composés.*
un au vent	un au vent
par cela que	parce que
touts les jours	toujours
comme un (autre)	commun
à l'arme , aux armes	alarme
une chose à faire	une affaire
en y tenant la main	maintenant
il n'en est pas moins ...	néanmoins.

20. *Exemples de mots composés qu'on a seu-*
lement ratachés par des traits d'union.

avant-coureur	garde - feu	tout-à-fait
c'est-à-dire	mal-à-propos	abat-jour
sous-officier	porte-faix	plût-à-dieu
colle-à-bouche	sauf-conduit	beau-père
réveille-matin	basse-cour	eau-de-vie.

21.   *Altération des mots primitifs.*

Les mots d'une même famille ne sont pas toujours
aussi reconnoissables que ceux que j'ai donnés au
n.° 18; plusieurs ont subi diverses altérations et ont
perdu leur physionomie : ce sont ces diverses altérations que je vais exposer, et je tairai tout ce qui n'est
pas utile à l'étude ou à l'intelligence de l'orthographe.

1.° Les consonnes du même organe se sont con-
fondues ou bien elles se sont transformées en consonnes
d'un autre organe. *Exemples :*

le *ç* on	le *c* ture	gre *c*	grè *c* e
servi *c* e	servi *t* eur	su *c*	su *c* er
ar *q* ué	ar *ç* on	voi *x*	vo *c* al
vi *n*	vi *gn* e	lou *p*	lou *v* e
abré *g* é	abré *v* iateur	g *â* ter	dé *v* aster
hôpi *t* al	hospi *c* e	nai *f*	nai *v* e
magi *ci* en	magi *q* ue	g *â* teau	pa *s* tille.
capu *ci* n	capu *ch* on		

2.° Le son d'une voyelle s'est altéré au point de
tomber dans le son d'une autre ; soit en se changeant
totalement, soit en perdant une des voyelles qui
aidaient à représenter le son. *Exemples :*

v *ain* cre	v *i* ctorieux	v *i* n	v *e* ndange
qu *oi*	qu *e*	m *oi*	m *e*
s *oi*	s *e*	t *oi*	te
appla *u* dir	lo *u* ange	ca *u* se	acc *u* ser
so *u* rce	so *r* tir	da *i* gner	d *i* gne
v *o* ir	v *e* rrai	dr *oi* t	d *re* sser
r *o* i	r *é* gir	m *oi* s	m *es* ure
fe *u*	def *u* nt	*a* mé	*ai* mé

s*ai*n	san té	fra*i*s	fr*i*lleux
p*oi*ds	pe*s*er	*i*l	e lle
f*oi*ble	f*oi*blesse	l*oi*	l*é*giste
so*u*rd	s*u*rdité	f*éa*l	f*oi*.

Cette remarque s'étend à touts les temps passés et conditionnels qu'on écrit par oi ou ai et qu'on prononce é. Si l'on veut suivre l'analogie, on verra, par les exemples précédents, que le son oi s'est constamment changée en e, é, è, et jamais en ai : d'où il résulterait qu'on doit, pour ces temps là seulement, préférer le oi au ai.

Mais deux raisons bien puissantes s'opposent à ce qu'on suive cette analogie et prescrivent le ai : d'abord, le signe oi doit rester affecté à représenter le son oa comme dans *loi, toi, moi ;* et le ai doit entrer dans l'orthographe des temps passés et conditionnels par raison de famille ; car c'est du participe du présent, toujours terminé par *ant,* que se forme le passé, et c'est du futur de l'indicatif que se forme le conditionnel. Voy. 26. Ainsi on écrira je fais*a*is tu fais*a*is, etc., à cause de l'a qui est dans fais*a*nt, je fer*a*is, tu fer*a*is, etc., à cause de l'a qui est dans tu fer*a*s.

3.º Une consonne est devenue voyelle et s'est unie successivement à toutes les autres voyelles : c'est l qui, dans l'enfance de la langue, a eu la tendance bisarre de se changer en u ; mais cela n'a plus lieu depuis qu'elle a atteint sa virilité.

C'est pourquoi nous avons des mots en al qui ne font pas *aux* au pluriel : tels sont ceux qui sont nouveaux ou qui n'ont pas été employés aussi souvent que les autres.

La terminaison ail, étant plus ancienne, s'est constamment changée en *aux* au pluriel. Exemples.

fana*l*	fana*u*x	bai*l*	ba*u*x
be*l*	bea*u*	cie*l*	cie*u*x
fi*ls*	fie*u*	œi*l*	y*eu*x
mo*l*	mo*u*	ayeu*l*	ayeu*x*
disso*l*vant	disso*u*dre	s'agenoui*ll*er	geno*u*x
cu*l*	que*u*e	fa*ll*oir	il fau*t*

de

de *le*	d u	cha *l* eur	chau d
à *le*	a u	sei *lle*	sea u
à *le*s	a u x	viei *l*	vieu x

4.° Des lettres ont été remplacées par des accents ;
s , e , sont souvent remplacés par l'accent circonflexe.

apos tolat	ap ô tre	ho s pice	h ô pital
élemo si naire	aum ô ne	g is ant	g î te
pay e ra	pa y ra	du e ment	d û ment.

5.° D'autres lettres ont disparu tout-à-fait. Exemples.

on *écrivait*,	on *écrit*,	on *écrivait*,	on *écrit :*
pou *l* mon	poumon	édi c t	édit
ble d	blé	s ç avoir	savoir
es couter	écouter	e s cran	écran.

Remarquez les suivants.

temp s	tems	cle f	clé
tou t s	tous	pie d	pié
hérau *l* t	héraut	les instan t s	les instans
les sentimen t s	les sentimens	les flan c s	les flans (*).

6.° Des mots primitifs ont perdu leur signification
et ne l'ont recouvrée qu'au moyen d'une pressyllabe :
tels sont les suivants et beaucoup d'autres.

Verbes.	*Pressyllabes.*	*Noms.*	*Sens propre.*
hiber	ex, pro, in	hibition	montrer
céder	ab, ac, de, re	cession, cès	aller en avant
luder	é, pré, il	lusion	jouer
fliger	a, in	fliction	punir
iger	ex, trans	action	agir, passer
roger	ab, dé, pro, sub	rogation	prier

(*) Il serait malheureux, pour notre langue, qu'un usage
trop impérieux prévalût sur la raison à l'égard des derniers
mots et d' n grand nombre d'autres. Il faut se défier de ces
mutilations, elles priveraient notre langue du seul caractère
national qu'elle possède, et nous, du seul moyen étymologique
qui nous reste pour distinguer les homonymes dont elle abonde.
Chaque mot frustré du signe distinctif de sa famille, deviendrait
étranger à lui-même, et ce serait envain qu'on étudierait une
orthographe de fantaisie, une orthographe dont il ne resterait
aucun élément.

B

Verbes.	Pressyllabes.	Noms.	Sens propre.
surger,	ré , in	surrection	lever
teler	a , de, re		mettre des traits
primer	o , dé , ex	pression	presser
sumer	pré , ré	somption	faire somme
cliner	in , dé	clination	pencher
ciper	ac , anti	cipation	prendre
gérer	di , sug	gestion	agir
hérer	ad , in	hésion, hérence	joindre
orer	ad , per	oraison	ouvrir la bouche
sérer	a , in , dé ,	sertion	porter
cuser	a , ré , ex	cusation	causer
cepter	ac, ex , réac	ception, tation	prendre
puter	in , dé, ré	putation	penser
specter	in , re	spection	voir
sister	a , dé, per, ré	stance	rester
stituer	de , re , in , pro	stitution	établir
diquer	ab , in , reven	dication	dire
pliquer	ap, com, in, ex	plication	pli
vertir	a , con, di	version	tourner
quérir	a, re, con, en	quisition, quête	chercher
cire	oc , circon	cision	couper
duire	dé , en, pro	duction	mener
streindre	a , re	striction	serrer

Nota. Les pressyllabes ne s'accordent pas toujours avec le verbe et avec le nom ; mais on se rappelera que cette table n'est que pour l'intelligence de l'orthographe, et non pour rendre raison exacte de chaque mot.

22. *Signes distinctifs des mots d'une même famille.*

La plûpart des mots-racines ont retenu après eux la lettre qui convient à leurs dérivés. C'est une marque qu'ils se sont réservée pour se faire reconnaître comme chef de leur famille. Cette lettre est là comme une pierre d'attente à laquelle une terminaison doit venir s'ajuster. Exemples :

On écrit pie*d* avec un D à cause de pie*d*estal.

pou *ls*   pu *ls* ation   tem*ps*   tem*p* orel
doi *gt*   dig *it* al   plu*rie l*   plura *li* té
tou *t*, tou *t* s tou *t* e   les enfan *t* s enfan *t* in
poi *ds*   prepou *d* érance   institu *t*   institu *t* eur
et pes er. voy. le dict.   françai *s* françai *s* e.

Ainsi, on n'écrira plus *pié* sans D, *tous* sans T, *temps* sans P, les *enfans* sans T, ni *plurier* pour pluriel, etc.

Il convient cependant qu'on retranche le *t* dans le pluriel des noms terminés par *ment*, lorsqu'ils n'attendent plus de dérivés, tels sont · les monumens, les égaremens, les bâtimens, les châtimens, etc. voy. 21 6.°

Si l'on considère les mots-racines comme les générateurs des autres, on peut aussi, par raison inverse, considérer chacun de ces autres mots comme le cadre d'un ou de plusieurs : ainsi, on trouvera des mots tout faits dans aboyement, raisonnement, profondeur, forestier, partiellement, etc.

23.   *Mots étrangers.*

ʼNotre langue se compose aussi de mots étrangers : ils ont une phisionomie toute particulière, et c'est pour eux qu'on emploie TH, PH, RH, CH, pour QU, K, W, Z et Y : un grand nombre d'entr'eux sont d'origine grecque.

Je ne parle pas des mots techniques, je ne parle que de ceux qui se sont naturalisés depuis long-tems, tels sont *rhume*, *arrhes*, *asthme*, *tabac* et autres : c'est sur ceux-là qu'il faut fixer son attention.

Un mot étranger est souvent un mot dans la famille duquel il n'y a pas de verbe.

1.° Les français feraient peut-être bien d'en user avec les mots étrangers, comme les étrangers en usent avec les nôtres. (Je parle des européens et des langues vivantes européennes) Ils habillent nos mots à leur manière et les soumettent à la prononciation de leur langue : Cette manière serait à la portée de tout le monde. Tout homme sensé ne trouvera-t-il pas ridicule qu'on prononce inco *g*-*n* ito quand on écrit inco *g*nito, *vermichelle* quand on écrit *vermicelle*, *j'expire*, quand on écrit *schakespear* (*).

On a cependant francisé déjà une quantité de ces mots, même des mots grecs, qui sont ceux pour lesquels on a le plus de vénération : et l'on a bien fait d'écrire :

estoma *c* pour estoma *ch* , t *r* one pour *th* rône ,
t *i* mpan pour t *y* mpan , ti ran pour t *y* ran ,
tisane pour p *t* isane , ba *t* ême pour ba *p* tême ,

enfin, on prononce be *ch* ique , ra *ch* itis en dépit du *ch* grec !

2.º Ne pourrait-on aussi, sans être ridicule et pour les usages privés de la société, écrire :

r ume pour r*h* ume ,   asme pour as *th* me ,
arres pour arr*h* es ,   orison pour *h* oriz on
hipo*t*èque pour hipo *th*.. apo*ti* caire pour apo *th*...
ab*i* me pour ab *y* me ,   s *is* tême pour s *y* stème ,
f*r* ase pour p*h* rase ,   et *t* ème pour *th* ême.

Cette licence paraîtrait grande, sans doute, et cependant elle ne serait que prématurée ; car j'ose prédire qu'avant cinquante ans, touts les mots qui ont passé dans les habitudes de la vie se franciseront, et que tel sera le sort de touts les mots savants, à mesure qu'il passeront dans l'usage vulgaire.

Néanmoins, comme on n'est pas encore à ce temps, et qu'un français ne peut pas savoir si un mot est étranger ou non, il remarquera les suivants.

3.º *Mots étrangers devenus français-vulgaire.*

agio   anathème   arrhes   azyme
alphabet   apostrophe   asthme   bibliothèque
amphibie   archange   athmosphère cylindre
anachorette   arithmétique authentique cymbales

(*) Il faut avouer que ceux qui tiennent à ces niaiseries sont bien religieux envers l'étymologie étrangère ; ils supposent donc que les français connaissent toutes les langues, et , soit dit en passant, c'est celui des peuples de l'Europe qui les étudie le moins. On s'applique a ce pédantisme pour quelques mots, et l'on ne s'instruit pas seulement de la véritable prononciation latine,...

diarrhée	musée	phrase	sympathie
diocése	myope	phthisie	symphonie
écho	myrrhe	physique	symptome
éléphant	mystère	phisionomie	synagogue
emphase	mystique	pleurésie	syncope
encyclopédie	misanthrope	pole	syndic
éphémére	ésophage	prophéte	synode
épigraphe	océan	proselyte	synonyme
épiphanie	olympe	pygmée	syntaxe
épithéte	opium	pyramide	système
ether	orchestre	rhéteur	technique
étymologie	orthodoxe	rhétorique	télégraphe
exhorter	orthographe	rhumatisme	théâtre
exhumer	panégyrique	rhume	théisme
eucharistie	panaris	sanhédrin	thême
eunuqne	panthéon	sarcophage	théorie
euphonie	paralyser	scène, théâtre	thériaque
europe, (*)	parenthèse	sceptre	thermales
isthme	pathétique	schisme	thermomêtre
kilogramme	pentecôte	sciatique	thèse
labyrinthe	phalange	solécisme	triomphe
léthargie	pharmacie	sophisme	tympan
méchanique	phare	sphère	type, tyran
métamorphose	phase	strophe	zéle
métaphore	phénoméne	style	zéphir, zé-
métempsicose	philosophe	syllabe	phire
méthode	philtre	syllepse	zodiaque
mithologie	phosphore	symbole	zône

24. Conjugaison d'un Verbe.

Le verbe est celle des parties du discours, (voy. 95 et 97) qui exprime une action. Il se divise (pour l'orthographe) en trois parties principales qui se subdivisent ainsi qu'il suit :

INFINITIF

| Présent. | Participe du présent. | Participe du passé. |
| Faire, | faisant, | fait. |

(*) Voy. 90 pour la lettre H.

INDICATIF	CONJONCTIF
présent.	*présent.*
Singulier.	Singulier. QUE

je	fais	je	fasse
tu	fais	tu	fasses
il, elle, on fait		il, elle, on fasse	

Pluriel.	Pluriel.
nous faisons	nous fassions
vous faites	vous fassiez
ils, elles font	ils, elles fassent.

INDICATIF — Singulier veut dire *un*, pluriel veut dire *plusieurs*. voy. 28. ,

Il, *ils* sont masculins, *elle*, *elles* sont féminins. *Je*, *tu*, *nous*, *vous*, sont l'un et l'autre.

On est des deux sexes et des deux nombres, mais l'on met après lui la terminaison du singulier, voy. 28.

CONJONCTIF — On remplace E de QUE par l'apostrophe avant *il*, *elle*, *on*. Qu'*il*, qu'*elle*, qu'*on*, qu'*ils*, qu'*elles*.

On appèle

je ou *nous* première personne; *tu* ou *vous* seconde personne; *il*, *elle*, *on*, *ils*, *elles*, ou tout mot qui les remplace, troisième personne.

Passé périodique.

Singulier.

je	faisais
tu	faisais
il, elle, on faisait	

Pluriel.

nous faisions
vous faisiez
ils, elles faisaient.

Passé défini ou d'époque.

Singulier.	*Passé.*
	Singulier. QUE
je fis	je fisse
tu fis	tu fisses
il, elle, ou fit	il, elle, on fît

Pluriel.		Pluriel.	
nous	fîmes	nous	fissions
vous	fîtes	vous	fissiez
ils, elles	firent	ils, elles	fissent

Futur. — *Futur conditionnel.*

Singulier.		Singulier.	
je	ferai	je	ferais (si)
tu	feras	tu	ferais
il, elle, on	fera	il, elle, on	ferait

Pluriel.		Pluriel.	
nous	ferons	nous	ferions
vous	ferez	vous	feriez
ils, elles	feront	ils, elles	feraient.

APPELATIF. fais, faisons, faites.

On remarquera que la première personne du singulier se termine par s quand le son n'est pas É, (*ai*) ou E.

La seconde personne se termine toujours par s.

La troisième se termine par T quand le son n'est pas E ou A, excepté la troisième personne du singulier du passé du conjonctif. Voy. ce temps au tableau suivant.

La première personne du pluriel se termine toujours par s.

La seconde se termine par s quand c'est le son É, et par z quand c'est le son É.

La troisième se termine toujours par NT, et par AIENT dans le passé de l'indicatif et dans le futur conditionnel.

Ces lettres finales sont exactement les mêmes dans touts les verbes ; mais les syllabes finales varient selon la terminaison du présent de l'infinitif. Voy. le tableau suivant.

25.   *Terminaisons des verbes.*

I N F I N I T I F.

Présent.   Participe du présent.   Participe du passé.
er, ir, oir, re.   ant, issant.   é, î, u, aint, eint.

INDICATIF.	CONJONCTIF.
Présent.	*Présent.*

Je .. e *ou* s nous . ons	Je . . . e nous . ions
tu . . . s vous . ez, es	tu . . . es vous . iez.
il, e, *ou* t, ils, .. nt.	il, on .. e ils, .. ent.
elle, e, *ou* t elles . . nt.	elle . . . e elles . ent.

Passé périodique.

Je .. ais nous .. ions	
tu .. ais vous .. iez	
il .. ait ils, elles . aient	

Passé définitif ou d'époque. *Passé.*

Je .. ai . . . is	Je .. asse .. isse
. . . us . . . ins	.. usse .. insse
tu .. as . . . is	tu .. asses .. isses
. . . us . . . ins	.. usses .. insses
Il . . . a . . . it	il .. ât .. ît
. . . ut . . . int	.. ût .. int
nous âmes . . . îmes	nous assions .. issions
. ûmes . . . înmes	ussions .. inssions
vous âtes . . . îtes	vous assiez .. issiez
.. ûtes .. . întes	ussiez .. inssiez
ils, èrent . . . irent	ils assent .. issent
. urent . . . inrent.	ussent .. inssent.

Futur. *Futur conditionnel.*

Je .. ai nous . ons	Je . ais nous .. ions
tu .. as vous . ez	tu . ais vous .. iez
il, on .,. a ils .. ont.	il .. ait ils .. aient.
elle . . . . a elles . ont.	elle . ait elles . aient.

APPELATIF   E *OU* S,   ONS,   EZ *OU* ES.

Remarques.

La terminaison AI (*é*) AS A du passé défini, convient aux verbes dont le présent de l'infinitif se termine par ER.

Celle en INS convient aux verbes qui se terminent par ENIR au présent de l'infinitif ; et les terminaisons en IS et en US conviennent aux autres verbes.

Touts les verbes français se partagent en trois séries ou CONJUGAISONS : la première comprend ceux dont le présent de l'infinitif est terminé par ER ; la seconde, ceux dont le présent de l'infinitif est terminé par IR et le participe du présent en ISSANT ; et la troisième enfin, comprend touts les autres que l'on pourrait encore classer ; mais avec tant de divisions et de remarques qu'il vaut mieux les voir dans le tableau 27, sous le nom de VERBES IRRÉGULIERS.

26. *Formation des temps.*

Pour faire cadrer touts les verbes sur le tableau 25, il faut d'abord retrancher le ER dans les verbes qui se terminent ainsi ; le R dans les verbes en IR et en OIR, et le RE dans ceux qui se terminent ainsi, ensuite rapporter le mot qui reste à gauche, c'est-à-dire la RACINE, avant les terminaisons qu'on voit au tableau. Par exemple dans les verbes :

chan ter, roug ir, voi r, prend re, écri re et croi re
chant, rougi, voi, prend, écri et croi

sont les racines, il suffit de les rapporter avant les terminaisons indiquées au tableau pour obtenir le verbe entier.

1.° On observera cependant de reprendre le présent de l'infinitif tout entier pour former le futur et le futur conditionnel, en supprimant le E dans les verbes en RE. Exemples.

Je *chanter*ai, je *finir*ai, je *tair*ai, je *prendr*ais, j'*écrir*ais.

2.° Le PRÉSENT DE L'INFINITIF, le PARTICIPE DU PRÉSENT et le PARTICIPE DU PASSÉ sont des temps primitifs, c'est-à-dire que c'est de ces temps-là qu'on forme les autres ainsi qu'il suit : (voy. 1.° la formation du futur.)

Le singulier du présent de l'indicatif se forme de la racine du verbe et des terminaisons affectées à ce temps, au singulier. Exemple, je *chante*, je *prends*, je *crois*, j'*écris*, etc.

3.° Le pluriel du présent de l'indicatif, tout le passé périodique et tout le présent du conjonctif se forment de la racine du participe du présent en y ajoutant les terminaisons affectées à chacun de ces temps. Exemples :

Participe du présent, *finiss*ant *écriv*ant *pren*ant. Présent indicatif, nous *finiss*ons, *écriv*ons, *pren*ons. Passé indicatif, je *finiss*ais, j'*écriv*ais, je *pren*ais, etc. Présent conjonctif, que je *finisse*, que je *prenne*. (Voy. la régle 14 5.°, sur la reduplication du ɴ final.

4.° Le Passé défini et le passé du conjonctif se forment du participe du passé, savoir :

Le passé défini, en changeant é en *ai*, *as*; *a* dans les verbes terminés en ɛʀ, et, dans les autres, en ajoutant s au participe du passé, quand celui-ci n'en a pas, ou en changeant ᴛ en s quand il a un ᴛ.

Le passé du conjonctif, en changeant ᴇ en asse, asses, ât, dans les verbes terminés par ᴇʀ, et, dans les autres, en ajoutant ssᴇ, sses, etc., quand le participe du passé n'a pas de s; ou seulement *se*, *ses*, etc., quand le participe est terminé par un s; ou bien, le passé du conjonctif se forme encore de la seconde personne du singulier du passé défini, en ajoutant sᴇ. Exemples.

Tu aimas, tu finis, tu crus, tu fis. Que j'aimas*se*, que je finis*se*, que je crus*se*, que je fis*se*.

La table suivante indiquera tout ce qui pourrait s'écarter des régles sur la formation des temps.

27. *Verbes irréguliers simples.*

Les temps et les personnes qui ne sont pas énoncés dans les verbes suivants, sont irréguliers.

Pour éviter des répétitions de mots, je suivrai l'ordre suivant : présent de l'infinitif, participe du présent, participe du passé, présent de l'indicatif, passé défini, présent du conjonctif et futurs. Le passé de l'indicatif est toujours régulier.

Les verbes composés se conjuguent comme les verbes simples, sauf les exceptions que j indiquerai.

1.°   *Verbes en* er.

ALLER, je vais, tu vas, il va, ils vont. *Pr. conj.* que j'aille. *Fut.* j'irai.

MENER, je mène, tu mènes, il mène, ils mènent avec l'accent grave. Et ainsi de tous les verbes où l'avant dernière syllabe contient un e comme *lever, ateler, jeter.*

MANGER, mang e ant. *Passé déf.* je mang e ai, etc. On observera dans ce verbe et dans ceux qui se terminent en ger, d'adoucir le g avant a et o, par le moyen d'un e.

EMPLOYER, fait au futur j'emploierai ou j'emploîrai, et ainsi des verbes oyer, *ier* et *ayer.*

ENVOYER, fait au futur *j'enverrai.*

PUER, *prés. ind.* je pus, tu pus, il put. (Pourquoi ne pas écrire je pue, tu pues, il pue, on ne le confondroit pas avec le verbe pouvoir.)

MENACER fait au participe présent menaçant, en adoucissant le c par une cédille : je menaçais, je menaçai.

2.°   *Verbes en* ir.

Acquérir, acquérant, acquis, *Prés. ind.* j'acquiers. *Prés. conj.* que j'acquierre. *Fut.* j'acquerrai.

BÉNIR est régulier, mais il a un second part. pas., *bénit* qui ne s'emploie que pour les choses sacrées: *eau bénite, vases bénits.*

BOUILLIR, on dit mieux faire bouillir, et on le conjugue dans tous ses temps avec le verbe faire ; mais si

l'on bout soi-même, par exemple, de colère, on dit:
je bous, tu bous, il bout. *Part. prés.* bouillant. *Part.*
pas. bouilli.

Courir et courre, courant, couru, je cours. *Futur*
je courrai.

Couvrir, couvrant, couvert, je couvre, je couvris.
Conjugez de même ouvrir, offrir, souffrir et leurs
composés.

Cueillir, cueillant, cueilli. *Prés. ind.* je cueille,
tu cueilles, il cueille. *Fut.* je cueillerai. Conjuguez de
même saillir.

Fleurir est régulier; mais en parlant des arts, des
établissemens, des états, on dit *florissant* et non *fleu-
rissant.*

Fuir, fuyant, fui (qui est invariable).

Faillir, faillant, failli. Le présent indicatif n'est
usité qu'en cette phrase : il s'en faut. *Futur*, il faudra
et il faillira.

Gésir, gisant. Le présent seul est usité en cette
phrase : *ci-git.*

Haïr est régulier, excepté au *prés. ind.* je hais, tu
hais, il hait, et au plurier, nous haïssons, vous
haïssez, etc. le h est aspiré.

Mourir, mourant, mort, je meurs, je mourus, que
je meure, je mourrai.

Ouïr, oyant, ouï, j'ouis, le reste est inusité.

Partir, partant, parti, je pars. Conjuguez de même
dormir, mentir, se repentir, servir, sentir, sortir,
vêtir et leurs composés.

Quérir, quérant, le reste est inusité. Conjuguez les
composés de ce verbe sur *acquérir.*

Tenir, tenant, tenu, je tiens, tu tiens, il tient, ils
tiennent. *Pas. déf.* je tins. *Prés. conj.* que je tienne,
que tu tiennes, qu'il tienne, qu'ils tiennent. *Fut.* je
tiendrai. Conjuguez de même venir et les composés
de ces deux verbes.

5.°   *Verbes en* ire.

Bruire, bruyant, le reste inusité : on dit mieux
faire du bruit.

Conduire, conduisant, conduit. *Pas. déf.* conduisis,
le reste est régulier. Conjuguez de même construire,

DÉTRUIRE, INSTRUIRE et tous les composés de DUIRE, voy. 21 6.°

CONFIRE, confisant, confit, etc.

CUIRE (au four) cuisant, cuit, je cuis. *Pas. déf.* je cuisis, etc.

CUIRE quelque chose, on dit mieux FAIRE CUIRE. Voyez faire.

DIRE, disant, dit. *Pas. déf.* je dis, tu dis, il dit, nous disons, vous dites, ils disent, etc.

MÉDIRE, DÉDIRE, PRÉDIRE, INTERDIRE, CONTREDIRE, font au *prés. ind.* vous médisez, vous vous dédisez, vous prédisez, etc.

MAUDIRE, maudissant, maudit, je maudis, vous maudissez.

ÉCRIRE, écrivant, écrit, j'écris. *Pas. déf.* j'écrivis.

FRIRE, friant et friand, frit, on dit mieux *faire frire,*

LIRE, lisant, lu. *Prés. ind.* je lis, etc.

LUIRE, luisant, lui, il luit, luisoit, (luisit inusité),

NUIRE, (nuisant inusité), nui. *Pas. déf.* nuisit.

RIRE, riant, ri. *Pas. déf.* je ris, nous rîmes,

SUFFIRE, suffisant, suffi, etc.

4.° *Verbes en* INDRE.

CEINDRE, ceignant, ceint, je ceins. *Pas. déf.* je ceignis. *Fut.* je ceindrai. Conjuguez de même ENFREINDRE, FEINDRE, PEINDRE, RESTREINDRE, TEINDRE, CRAINDRE, PLAINDRE, CONTRAINDRE et autres.

5.° *Verbes en* ENDRE.

DESCENDRE, descendant, descendu. *Prés. ind.* je descends, je descendis. Conjuguez de même tous les verbes en ENDRE, excepté :

PRENDRE, prenant, pris, je prends et je prens.

6.° *Verbes en* RE.

ABSOUDRE, absolvant, absous, oute, j'absous, *point* de passé défini. Conjuguez de même dissoudre.

CLORE, *point de part.* clos, je clos, point de passés. *Fut.* je clorai, et ses composes.

COUDRE, cousant, cousu, je cous, je cousis.

CONCLURE, concluant, conclu et ses composés.

FONDRE, fondant, fondu, je fonds, je fondis

Moudre, moulant, moulu, je mouds et mieux je
fais moudre, je fis moudre, je ferai moudre, faisant
moudre. Si l'on moud de sa propre main, on ne servira pas de l'auxiliaire faire.

Perdre, perdant, perdu, je perds, je perdis, etc.

Mordre, mordant, mordu, je mords, je mordis, etc.

Pondre et répondre, répondant, répondu, je ré-
ponds, je répondis, je répondrai.

Résoudre, résolvant, résolu, je résous, etc.

Rompre, rompant, rompu, je romps, je rompis, etc.

Suivre, suivant, suivi, je suis, je suivis, etc.

Vivre, vivant, vécu, *Prés.* je vis, et ses composés.

Vaincre, (vainquant inusité) vaincu, je vaincs, je
vainquis, etc.

7.°   *Verbes en* tre.

Battre, battant, battu, je bats, je battis.

Connaître, connaissant, connu. *Prés. ind.* je connais. Ainsi paître, paraître, croître. *Nota.* Dans connaître, paraître et dans leurs composés, on ne met
l'accent que sur les temps qui se forment du présent
de l'infinitif.

Être, étant, été, je suis, tu es, il est, nous sommes,
vous êtes ils sont; je fus; que je sois, tu sois, il soit,
soyons, soyez, qu'ils soient, je serai etc. (*été* est
invariable).

Mettre, mettant, mis, je mets, etc. et ses composés.

Naître, naissant, né, je nais, je naquis.

8.°   *Verbes en* aire *et* oire.

Braire, (brayant inusité,) brait, il brait, point de
passés. Il braira.

Traire, trayant, trait, je trais, point de passés.

Plaire, plaisant, plu, je plais, etc. ainsi de taire.

Boire, buvant, bu, je bois, je bus, je boirai.

Croire, croyant, cru, je crois, je crus, je croirai.

9.°   *Verbes en* oir.

Appercevoir, appercevant, apperçu, j'apperçois, ils
apperçoivent. *Fut.* j'appercevrai, ainsi des verbes eu
cevoir.

Asseoir (s') s'asseyant, assis, je m'assieds ou bien

je m'asseoie, tu t'asseois, il s'asseoit, nous nous as-
soyons, etc. *Fut.* Je m'assierai ou je m'assoirai.

Avoir, ayant, eu, j'ai, tu as, il a, nous avons,
vous avez, ils ont. *Pas.* j'avois, etc. j'eus, que j'aie,
tu aies, il ait, nous ayons, vous ayez, qu'ils aient,
j'aurai.

Déchoir, déchéant, déchu, je déchois, que je dé-
chée, que nous déchéyons, qu'ils décheent, je déchoi-
rai ou je déchérai.

Devoir, devant, dû, je dois, ils doivent. *prés. conj.*
que je doive, tu doives, il doive, devions, deviez, ils
doivent. *Fut.* je devrai.

Échoir, échéant, échu, il échoit ou il échet, qu'il
échée, il échoira ou échéra. Choir n'a que le partic:
passé *chu.* (ce verbe est vieux).

Falloir, (fallant inusité), fallu, il faut, il fallut,
il faudra.

Mouvoir, mouvant, mu, je meus, je mus, que je
meuve, je mouvrai et mieux je ferai mouvoir. Si on
se meut soi-même, on n'emploie pas l'auxiliaire faire.

Pleuvoir *point de part. prés.*, tout le reste comme
mouvoir.

Pourvoir, pourvoyant, pourvu, je pourvois, je pour-
vus. *Fut.* je pourvoirai.

Pouvoir, pouvant et puissant, pu, je peux, nous
pouvons, vous pouvez, ils peuvent, je pouvois, que
je puisse, je pourai.

Savoir, sachant et savant, su, je sais, tu sais, il
sait, nous savons, etc., je savois, que je sache, je
saurai.

Seoir, être séant point de *part. pas.*, il sied. *Pas.*
il séioit. *Pas. déf.* point., qu'il siée, qu'ils sieent, il
siéra.

Valoir, valant et vaillant, valu, il vaut, nous va-
lons, vous valez, ils valent, il valoit, qu'il vaille, il
vaudra.

Voir, voyant, vu. *Pas. déf.* je vis, que je voie, nous
voyions, voyiez, qu'ils voient, *Fut* Je verrai

Vouloir, voulant, voulu, je veux, ils veulent, que
je veuille, tu veuilles, il veuille, nous voulions, vous
vouliez, qu'ils veuillent. *Fut.* je voudrai.

28. *Orthographe des genres et des nombres.*

On appèle genres, le MASCULIN et le FÉMININ. On appèle masculin tout nom précédé d'un des mots *le*, *ce*, *cet*, *quel*, *tout*, *tel*, *maint*, *mon*, *ton*, *son*, *un*, *aucun*, *nul*.

On appèle féminin tout nom précédé d'un des mots *la*, *cette*, *quelle*, *toute*, *telle*, *mainte*, *ma*, *ta*, *sa*, *une*, *aucune*, *nulle*. Voy. 96.

On appelle nombres les mots SINGULIER et PLURIEL. Le mot singulier signifie *un seul objet*, le mot pluriel signifie *plusieurs*.

. La marque du genre féminin est généralement un E et celle du pluriel est généralement un s. Exemples.

SING. { *masc.* petit, vain, noir, charmant, laid. { *fémin.* petite, vaine, noire, charmante, laide.

PLUR. { *masc.* petits, vains, noirs, charmants, laids. { *fémin.* petites, vaines, noires, charmantes, laides.

Les mots qui sont terminés par l'un des sons AU, EU, ou prennent un x au lieu de s : quant au son ou, on peut le terminer aussi par s, selon la règle générale. Exemples.

Les maux, les heureux, les rivaux, les feux, les clous, les choux, les verrous.

On ne met pas un E pour la marque du féminin, quand le mot en a déjà un au masculin, ni un s au plurier, quand le mot a déjà un s, un z ou un x au singulier. Exemples.

Un homme sage, habile, aimable, riche.
Une femme sage, habile, aimable, riche.
Un homme doux, soumis, gras, heureux.
Des hommes doux, soumis, gras, heureux.

Un nez, des nez ; un procès, des procès; une croix, des croix.

Il est important de s'exercer beaucoup sur les verbes, et d'observer exactement les terminaisons du féminin et du pluriel, parce que ces terminaisons forment une grande partie de l'orthographe.

29. *Récapitulation des principes.*

Il résulte des règles que nous avons vues jusqu'à présent, que l'orthographe se fonde sur quatre règles principales. 1.°; Sur quelques observations générales, telles que la longueur et la brièveté des voyelles, voy. 12 et la reduplication des consonnes, voy. 14. 2.°; Sur des remarques locales, telles que la formation des mots et les divers accidents survenus dans cette formation, voy. 12. 3.°; Sur les signes distinctifs des mots d'une même famille, voy. 22. 4.°; Et enfin, sur les terminaisons des verbes et sur les signes qui caractérisent le féminin et le pluriel.

Il faut ajouter une cinquième règle : c'est celle de la liaison d'un mot à un autre qui commence par un son, quand cette liaison sera d'un usage assez vulgaire pour que l'écolier la connaisse par la seule habitude ; telles que san*s*-argen*t*, avan*t*-hier, toujour*s*-heureux, for*t*-aisé.

Mais cette règle ne doit être considérée que comme auxiliaire ; elle ne sera employée que lorsque le mot ne pourra s'expliquer par les règles précedentes.

Si l'orthographe de quelques mots se trouve en contradiction avec les principes, ces mots sont étrangers, voy. 23, ou des exceptions, voy. 94. Et même il est possible que quelques-uns de ces derniers aient échappé à mes recherches, et que, par la suite, je parvienne à les classer aussi.

Les régles paraissent quelquefois se contredire dans la manière d'écrire certains mots ; mais on observera qu'elles sont subordonnées entr'elles.

La règle d'observation devient nulle si celle de localité s'est prononcée, et la règle de famille l'emporte sur les autres. Exemples.

RÈGLE D'OBSERVATION. *Voy.* 39. EN *avant-dernière syllabe d'une partic. du présent, s'écrit par* EN. Je dois donc écrire t*en*dant, p *en* dant, r *en* dant.

RÈGLE DE LOCALITÉ, Voyez 39. AN *s'écrit par* A *après* V *et* F, *avant et après* G, CH. Je dois donc écrire

5

r *an* geant, ch *an* tant, enf *an* tant, malgré la règle d'observation ci-dessus.

RÈGLE DE FAMILLE. Voy. 39. *Le son* AN *s'écrit par* E *quand on retrouve* E *ou* I *dans la famille, et quand il signifie* DANS. J'écrirai alors av *en* ture à cause de v *en* ir, v *en* ger à cause de v *in* dicatif, *en* clin à cause d'*in* cliner, *en* fermer à cause de fermer *dans*, malgré la règle de localité ci-dessus.

Les terminaisons des verbes et les signes du féminin et du pluriel sont de rigueur. Enfin, on doit écrire chaque son avec les lettres qui lui sont naturelles, quand nulle règle ne s'y oppose.

30.   *Ortographe des sons de la voix.*

Le son A

S'écrit tout nu dans des mots enfantins ou étrangers. P a p a, d a d a, agend a, not a, duplic a t a, etc. Voy. 23 3.°

AC dans alman *ac*, tab *ac*, l *ac*, till *ac* et autres où la famille indique le c.

AH! interjection de joie, d'étonnement, de surprise agréable.

HA! interjection de douleur, de crainte, de mouvement pénible.

HA. Voyez 23 3.° et 90.

AP. dans dr *ap* et autres où la famille indique le P.

AS final, quand le son est long, ou quand la famille indique le s.

AT final, quand le son est bref, ou quand la famille indique le T.

 quand on retrouve un s dans la famille. Pâté, appât (1). Voy. le diction.

ÂT dans la troisième personne du passé conjonctif des verbes en ER, puisqu'on retrouve s dans les autres personnes.

AO dans taon, faon, paon qu'on prononce *tan, fan, pan.*

---

(1) On doit écrire *âtre* final avec l'accent circonflexe, à cause de *ad se trahere*, tirer à soi, ou par d'autres raisons de latinité.

à tout seul, quand il n'est pas du verbe AVOIR.

E dans femme, à cause de *féminin*, *femmelette*, et dans beaucoup de terminaisons en *e* mment. Voy. 52.

3 I   *Le son É.*

É final des participes du passé masculins des verbes terminés en ER, et des noms féminins terminés en TÉ, quand ces noms expriment un objet idéal tel que pu*reté*, véri*té*, curiosi*té*, vani*té*, pié*té*. (Dans le corps des mots, on ne peut l'écrire autrement).

ÉE final des participes du passé féminins des verbes terminés en ER, de certaines personnes des verbes en ÉER, et de touts les noms féminins.

Parmi ces derniers, il faut remarquer ceux qui se terminent par le son TÉ. Si le nom est idéal, il rentre dans la règle précédente, mais s'il exprime une capacité, une mesure, on écrit TÉE, tels que une hott*ée*, une nuit*ée*, une brouett*ée*.

Ajoutez-y les noms étrangers suivants. Le lycée, le trophée, un mausolée, un caducée, le prytanée, un athée, l'empyrée, l'élysée, un prothée, un hyménée, le thé et quelques autres d'un usage moins fréquent.

ER. Les présents de l'infinitif qui ont le son É, et les noms masculins qui ne sont pas compris dans les règles précédentes; parmi ces derniers, se trouvent les noms d'arbres, de métiers et d'autres objets où le R est indiqué par la famille.

Il faut cependant excepter les mots cur*é*, foss*é*, gu*é*, pav*é*, abb*é*, duch*é*, évêch*é*, un march*é*, péch*é*, un d*é*, caff*é*, av*é*, âg*é*, clerg*é*, cong*é*, jubil*é*, zél*é*, fâm*é*, bl*é*, un priv*é*, canap*é*, gr*é*, pr*é*, recépiss*é*, sens*é*, bénédicit*é*, cavit*é*, côt*é*, l'été et pât*é*, qui rentrent dans la règle de É. Et les noms féminins : cit*é*, déit*é*, divinité (1).

---

(1) Il y a des noms qui sont tirés de quelque partie du verbe t ceux tirés du présent de l'infinitif représentent la chose sans laquelle l'action exprimée par le verbe ne peut avoir lieu ; tels sont le manger, le boire, le dîner, le souper. (abusiv. le dîné, le soupé.)

Ceux tirés du participe passé expriment une qualité ou une chose résultant de l'action faite, tels sont : le marié, l'étourdi, le puîné, le prejugé, le démêlé, le vaincu.

ᴀɪ. Première personne du passé défini des verbes en ᴇʀ et de touts les futurs, plus, dans quelques temps du verbe *laisser* et les mots je *sais*, je *vais*.

ʟꜰ. dans clef qu'on écrit abusivement *clé*, puisqu'on a cla *v* ier, cla *v* icule, cla *v* essin, etc.

ᴇᴢ final des secondes personnes du pluriel des verbes, c'. à. d. après *vous*, et des mots *nez*, *assez*, *chez*, *rez-de-chaussée*.

oé final de quelques mots étrangers.

ᴇʜ! Interjection de surprise, *Eh bien!*

ʜé! Interjection de tristesse, *Hélas!*

52.   *Le son È.*

Quand les deux dernières syllabes d'un mot contiennent chacune un ᴇ, on met l'accent grave sur l'avant-dernier : cet ᴇ est souvent remplacé par ɩ́ dans un mot de la famille : exemples : fi è vre, pi é ce, cri- mi è re, derri è re, th è se, grè ce, fi è re.

Austère, aust é rité, sév è re, sév é rité, fid è le, fid é- lité, r è gle, r é gler.

C'est par cette règle qu'on doit écrire : men é-je *pour* mèn e - je, parl é - je *pour* parl e - je, donn é - je *pour* donn e - je (1).

ᴇ *tout nu*. Si la consonne qui vient après ce même son fait syllabe avec lui, le ᴇ ne prend pas d'accent. exemples : b er ger, ex er cé, inf ec té, obj ec ter, es- time, f er, aim er, av ec, pr es crire, *es* tampe, al- t er rer, gu er rier, gu et ter, fi el, veni el, ci el, matériel.

Cette règle est d'accord avec celle qui défend d'ac- centuer avant une consonne doublée. Ces consonnes sont ordinairement t, l, r, on sait que s se double toujours entre deux voyelles. Exemples.

_____

Ceux tirés du présent de l'indicatif expriment une manière d'agir, tels sont a -tâtons , a -reculons. Ainsi on écrira ces mots de la même manière qu'on écrit la partie du verbe dont ils sont tirés, non seule- ment par rapport à l'É mais aussi par rapport à touts les autres sons.

(1) On écrit aussi men é je , parl é-je , donn é-je , aim é-je , mais on n'a peut-être pas fait attention que cette manière d'écrire est pour men ai-je , parl ai-je , etc. et que c'est sans doute la ressem- blance du son qui a induit en erreur. On doit écrire le passé défini avec les lettres qui lui sont propres.

Secr *e* tte, coqu *e* tte, nois *e* tte, ari *e* tte, étern *e* lle, b *e* lle, lib *e* lle, f *e* rre, t *e* rre, équ *e* rre. Voy. 54, 60, 67 et 69 (1).

ɛ́ᴛ quand le son est bref, bosqu *e* t, caqu *e* t, fil *e* t, duv *e* t. Le ᴛ est souvent prononcé dans la famille.

ɛ̀s quand le son est long. acc *é* s, exc *é* s, déc *é* s, abc *é* s, succ *é* s, proc *é* s. Le s est souvent prononcé dans la famille, Voyez pour les sons ɛᴛ, ɛ̀s, 12, 3.º et 4.º

ɛ̂ quand on retrouve s dans la famille : exemples. f *ê* te, festin, b *ê* te, bestiaux.

ᴀɪ 1.º quand on retrouve ᴀ dans la famille : exemple. Reliqu *a* ire, reliqu *a* t, *a* ider, *a* djudant, *a* ir, *a* erer, h *a* ine, h *a* ir, ch *a* ine, c *a* denas, secrét *a* ire, secrét *a* riat, dom *a* ine, dom *a* nial, pl *a* ine, pl *a* ner, contr *a* indre, contr *a* rier.

 2.º Avant le son s doux, quoique le ᴀ ne se retrouve pas dans la famille. S *a* ison, pl *a* isir, *a* ise, bl *a* ise, angl *a* is, franç *a* is, à cause d'angl *a* ise, franç *a* ise.

 3º. Par règle de liaison. M *a* is, j *a* mais, à cause de m *a* is - encore, jam *a* is - on, d *a* is-élevé, des fr *a* is - énormes.

---

(1) On conjugue le verbe *appeler* ou *appeller* en mettant un ʟ dans certains temps ou certaines personnes et deux ʟ dans d'autres. Je crois pouvoir dire que cette double manière est d'autant plus bisarre qu'elle ne porte sur aucun principe et qu'elle rend l'orthographe de ce verbe et de quelques autres très-difficile.

On devrait, selon la règle 14 5.º , doubler la consonne dans appe *ll* er et je *tt* er parce qu'ils sont formés de *appel* et de *jet* ; mais comme notre orthographe tend a se débarrasser des consonnes doublées , nous écrirons ces verbes avec une seule consonne, dans touts les temps et dans toutes les personnes , en suivant exactement les règles sur la formation des temps. Voy. 26.

Nous ne prendrons point en considération la prononciation (souvent arbitraire) du ɛ qui précède ʟ ou ᴛ ; nous observerons seulement qu'on mettra l'accent grave sur l'avant-dernier ɛ : et que si l'on veut absolument employer deux consonnes, on ne mettra pas d'accent.

Ache *t* er, renouve *l* er, ate *l* er épe *l* er etc. ne doivent jamais s'écrire avec deux consonnes.

Puissè-je , par ces réflexions , avoir fait cesser l'incertitude.

4.° Avant la voyelle ɪ, ce qui fait deux ɪ, qu'on transforme en y, et dans les terminaisons des noms féminins. P*a*ys, ég*a*yer, p*a*yɛʀ, la cl*a*ie, la monn*a*ie, la p*a*ie, excepté vous grass*e*yez, begu*e*yez, langu*e*yez, ass*e*yez, à cause de grass*e*, begu*e*, langu*e*, ass*e*oir, ce qui entre dans la règle suivante.

ɛɪ ɪ.° *Généralement* quand on retrouve é dans la famille. R*e*ine, r*é*gir, pl*e*ine, pl*é*nitude, Se-r*e*in, Ser*é*nité.

2.° Avant le son ᴄɴ nasal, à moins qu'on ne retrouve ᴀ dans la famille. P*e*ignant, f*e*ignant, t*e*ignant. Il faut remarquer, pl*a*ignant, cr*a*ignant, d*a*ignant et r*é*gnant, et par conséquent pl*a*indre, cr*a*indre, d*a*igner et r*é*gner. Voy. 4ᴏ.

Les autres manières d'écrire ɛ se distinguent aisément par les familles, ou par les règles déjà connues ; remarquez cependant tu *es*, il *est*, que j'*aie*, que tu *aies*, qu'il *ait*, qu'elles *aient*. Voy. 27. Les verbes ÊTRE et AVOIR.

53   *Le son ɪ.*

ɪ final de quelques mots sans famille, tels que c*i*, cec*i*, mid*i*, apprent*i*, voic*i*, lu*i*, étu*i*.

Final des participes du passé au masculin et, de plusieurs autres mots masculins. Les uns et les autres se reconnoissent par leur famille.

Cr*i*, cr*i*er, part*i*, part*i*e, pl*i*, pl*i*er, chér*i*, chér*i*e, inou*ı*, inou*ı*e, rav*i*, rav*i*e, affranch*i*, affranch*i*e.

ɪᴇ. Tout nom féminin et certaines personnes des verbes terminés en ɪᴇʀ. Je pr*i*e, il cr*i*e, on châ-t*i*e, la v*i*e, la modest*i*e, l'env*i*e, la jalous*i*e, la fol*i*e. Excepté la fourm*i*.

ɪs final de noms masculins ; tantôt le s est voulu par la famille, tantôt c'est une transformation du ɪʀ du présent de l'infinitif.

Glac*er*, glac*is*, lav*er*, lav*is*, log*er*, log*is*, Croqu*er*, croqu*is*, préc*is*, préci*se*, Par*is*, par*is*ien, perm*is*, perm*is*e, pa*ys*, pa*ys*age. Voy. 94.

IT final de noms masculins et voulu par la famille,
deb*it*, débi*t*er, créd*it*, crédi*t*er, nu *i*t, nu *it*ée.
Voy. le diction. des raisons.

Je ne parle pas de ce qui regarde les verbes.
Voy. 25.

ID dans n*id*, IST dans Chr*is*t. IX crucif*ix*. Y quand
il signifie *là en tel lieu*, *à cel*à. IL bab*il*.

HI, HY, etc. Voyez 90.

34. *Le son o.*

O, Manière naturelle de peindre ce son quand la famille se tait : il est long. Co*co*, numé*ro*, zer*o*,
prim*o*, second*o*, agi*o*.

AU, quand on retrouve A dans la famille ; ce son est
marqué par x quand il désigne un pluriel. Che-
v*a*ux, chev*al*, besti*a*ux, bêt*a*il, il f*a*ut,
f*a*lloir, s*a*uter, s*a*ltimbanque, s*a*uver,
s*a*lut. Voy. le diction. des raisons.

Quand le son o est précédé d'une voyelle, ou
avant un v. Boy*au*, alloy*au*, pi*au*le, tabli*au*,
flé*au*, f*au*ve, m*au*ve.

EAU. Quand on retrouve E ou I dans la famille. Ton-
n*ea*u, tonn*e*lier, v*eau*, v*é*le, ois*ea*u, oi-
s*e*leur, corb*eau*, corb*i*llat. Voy. le diction.
des raisons.

OP, ÔT, OQ, OS, OT, ÔC, OS, sont indiqués par un
des mots de la famille, ou par la règle des liai-
sons. Cro*c*, cro*c*het, po*t*, po*t*ier, o*s*, osseux, tro*p*-heureux, co*q*, co*q*uille.

OTH, go*th*, go*th*ique. HOT, cac *hot*. HO ! interjection d'étonnement.

HO initial. Voy. 90.

AUD final de quelques mots où le D est indiqué par la
famille, ou bien terminaison de quelques mots injurieux, nigau*d*e, badau*d*e, lourdau*d*e, écha-
fau*d* age,

AUT. H*aut*, déf*aut*, ass*aut* et autres où la famille indique le T.

ᴀᴜʟᴛ dans hér *ault*, ou hér *aut*. Aᴜʟx dans f *aulx* pour f *aucher*, et *aux*, pluriel de *ail*.

ᴀᴜx. F *aux*, f *ausse*. Voyez le diction. des raisons.

55.   *Le son ʋ.*

ʋ final, quand la famille n'indique aucune lettre finale, et dans le corps des mots. Quand il est initial, on ne l'écrit pas autrement : *u* s *u* fruit, *u* s *u* rpateur, *u* nique, m *u* rm *u* re, v *u* , b *u* , perd *u*, etc.

ᴜᴇ final de noms féminins et de quelques personnes dans les verbes en ᴜᴇʀ.
   La berl *ue*, la mor *ue*, la v *ue* , je, il distrib *ue*, on éval *ue*.

ᴜs final, quand on trouve le *s* dans un des mots de la famille, et final de quelques personnes des verbes. Ref *us*, diff *us*, percl *us*, pl *us*, je voul *us*, je conn *us*, je conç *us*, je b *us*.

ᴜᴛ final, quand on retrouve le ᴛ dans un des mots de la famille, et de quelques personnes des verbes. Le déb *ut*, le sal *ut*, l'instit *ut*. Voy. le diction. Il mour *ut*, il par *ut*, il conn *ut*, il apperç *ut*, il b *ut*.

ᴜ̂ᴛ final de la 3.ᵉ personne des passés du conjonctif; il falloit qu'il mour *ût*, qu'il f *ût* bien hardi, qu'il me conn *ût*.

û Quand on trouve s dans la famille. fl *û* te, emb *û* che. Voy. le diction.

ᴇᴜ dans gage *u* re à cause du ᴄ qu'il faut adoucir, et dans j' *ai eu*, j' *eus*, il *eut*, nous e *û* mes, d'avoir, et dans quelques mots étrangers. Voy. le verbe avoir et 25, 5.º.

ᴜᴛʜ, L *uth*, ᴜʟ, c *ul*, Hᴜ initial, *hu* meur, *hu* milité. Voy. 25 3.º et Hᴜᴛ, h *utte*. Remarquez le mot piq *û* re (l'accent remplace un second ʋ parce que la lettre ǫ est toujours accompagnée d'un ʋ). Voy. la remarque de 84.

, 56.   *Le son ᴇᴜ.*

ᴇ. Le son ᴇᴜ est l'analogue aigu de ᴇ ; je ne parlerai pas de ce dernier, il ne présente d'autre difficulté

que celle des analogues *es*, *ent* qu'on trouve dans
quelques personnes des verbes. Voy. 25.

EU initial, intermédiaire ou final, s'écrit généralement
ainsi : p *eu* r *eu* se, f *eu*, *eu* rope, dem *eu* re, ac-
t *eu* r, av *eu*, adi *eu*, hébr *eu*.

OEU dans quelques mots ou l'on trouve un o dans la
famille, tels que v *œu*, v *oter*, *œu* vre *opérer*, voy.
le diction. Encore faut-il se défier de cet o indiqué
par la famille, car on n'écrit pas je v *œu*x, je p *œu* x
avec o, malgré qu'on a les mots v *o* lonté, p *o* u-
voir, p *o* ssible.

UE. Ce renversement de lettres se fait après les mouvemens guturals c et g, Org *u* eil, rec *u* eil, cer-
c *u* eil. Remarquez les mots *œil*, *œillet*, et leurs
dérivés.

EUX, ŒUX finals de touts les pluriels et de touts les
mots où l'on retrouve s dans la famille. Les f *eux*,
les v*œux*, les essi *eux*, les ney *eux*, heur *eux*,
heur *euse*, fiévr *eux*, fiévr *euse*. Remarquez les
mots bœufs, nœuds.

HEU. Voy. 90.

37. *Le son ou.*

ou final des noms masculins où l'on ne retrouve aucune
lettre indiquée par la famille du mot. Bamb *ou*,
m *ou*, lic *ou*, ch *ou*, gen *ou*.

OUE, final des noms féminins, et de quelques personnes des verbes, la b *oue*, la j *oue*, il sec *oue*, on
v *oue*. Voy. 25.

OUP, OUT et autres selon la lettre que la famille indique. B *out*, b *out* ure, s *ous*, s *ous* traire, l *oup*,
l *up* ercales ou l *ou* ve. Voy. 21, 1.⁹ ᵃ

ou, où, forment des mots. Le premier s'écrit ainsi,
quand il signifie *ou bien*; le second reçoit l'accent
grave sur le u quand il désigne un lieu, un endroit,
exemples : voulez-vous des pommes *ou* (ou bien)
des poires? Où avez-vous mis cela? je l'ai mis *où*
je l'ai pris. Remarquez les mots *août* (un mois),
le *houx* (arbuste).

38. *Les sons* AN, IN, ON, UN *avant* B *et* P.

Le N final de ces quatre sons se change en M avant B, P, M, excepté dans le mot *bonbon*. Exemple : co*m*bat, co*m* bien, a*m*bigu, i*m* piété, i*m*mortel, hu*m*ble, o*m* bre.

Ils conservent encore ce M quand, à la fin d'un mot, il est indiqué par la famille. Exemple :
No*m*, no *m* mer, fai*m*, fa*m*ine, ada*m*, ada*m* ite; parfu*m*, parfu *m* er, essai*m*, essai *m* er.

39. *Le son* AN.

AN, c'est la manière naturelle d'écrire ce son, tant qu'une règle ne s'y oppose pas. On remarquéra cependant que cette manière naturelle se présente 1.º final des mots masculins, où le N final est souvent indiqué par un dérivé. Un an, ban, artisan, paysan, etc. Voy. 94.

   2.º Initial et intermédiaire, sur-tout avant et après C, G, guturals, c*an*cer, *an*gle, g*an* se, qua *n* tité, *an*cre, gl*an*de, cl*an*destin, gr*an*de, etc.

   3.º avant et après J, G linguals, CH et D, *an*ge, j*an*vier, d *an* ger, *an* che, ch*an*tre, d *an* se, méch *an* t, m *an* der, vi *an* de.

   4.º Après V, F, L, É, ST, av*an*t enf*an*t, él*an*, gé *an* t, st *an* ce, const*an* ce (excepté exist*en*ce).

AM, EM. Voy. 38. *am* bulance, *em* poisonner, *am* poule.

ANC, AND, ANG finals, sont indiqués par les dérivés.

ANT final de touts les participes du présent, ou indiqué par les dérivés. Né *ant*, ané *ant* ir, gé *ant*, gé *ante*.

ENT final. 1.º Quand le mot n'est pas un participe du présent, ce qui se reconnoit quand on ne trouve pas le verbe dans le mot. Le T final est souvent indiqué par un dérivé, dilig*ent*, indulg*ent*, opul*ent*, accid*ent*, ongu *ent*, arg *ent*, serg *ent*, ori *ent*, couv *ent*, opul *ent*.

On n'a pas les verbes diliger, indulger, accider, onguer, arger, serger, orier; couver n'est pas dans le sens de *couvent*. Un *cloître*. Voy. de 92 à 94.

2.º Il y a néanmoins des mots où l'on retrouve le présent de l'infinitif, et qui s'écrivent tantôt par ANT, tantôt par ENT, selon qu'ils expriment une action ou une qualité. S'ils expriment une action, on écrira ANT, s'ils expriment une qualité, on écrira ENT. Exemples comparés :

ACTION.	QUALITÉ.
En différ*ant* plus long-temps, vous courez risque de.......	Cela est bien différ*ent*, c'est une affaire dif-fér*ente*.
En précéd *ant* vos cama-rades de quelque pas, vous arriverez.......	Vous fîtes mieux le jour précéd*ent* que le len-demain.
En adhér *ant* à vos avis, je ne veux pas me com-promettre.........	Une chose adhér*ente* à une autre.

Tels sont les mots provenant des verbes suivants : évider, résider, exiger, exceller, présider, négliger, équivaloir, influer et coïncider.

3.º Remarquez les suivants. Ils sont hors de toutes les règles.

Un pédant, affluent, (l'endroit d'une rivière qui se jette dans un autre), confluent, (l'endroit où deux rivières se joignent), le révérend, la révérende, hareng, les gens, escient, lent, talent, cent, cens, parent, temps, tant, autant, pourtant, tisserand, vigilant, empan, amande, vétéran, céans, quand et quant......... à. Voy. 92 et 94.

4.º Et enfin, tous les mots terminés par MENT, quand ils ne sont pas participes du présent, violem-*ment*, mo*ment*, senti *ment*, longue*ment*, peti-*ment*, dénû *ment* (1).

(1) On peut supprimer le T au pluriel, quand le mot n'a pas de dérivés ; mais il faut le conserver quand le mot a des dérivés: ainsi j'écrirai, les enfants, les moments, à cause de enfantin, mo-mentané ; et j'écrirai les gémissemens, les inconvéniens, parce-qu'ils n'ont pas de dérivés. Voy. 28.

EN, avant-dernière syllabe, s'écrit ainsi quand le mot est un participe du présent. Exemple. att *en* dant, v *en* dant , év *en* tant , rég *en* tant , éd *en* tant , p *en* sant.

Il faut excepter les mots et leurs dérivés résultant des remarques précédentes sur AN et ENT, les participes du présent formés d'un autre participe du présent, tels que él *anç* ant de él *an*, av *an* çant d'av *an* t , pl *an* tant de pl *an* t , brill *an* tant de brill *an* t , aim *an* tant d'aim *an* t (pierre), épouv *an* tant, de pouv *an* t , (pouvoir), nu *an* çant de nu *an* t (nuer), enfin les suivants et leurs dérivés.

Ramp *an* t , d *an* sant , finanç *an* t , h *an* tant , ébr *an* lant et p *an* sant (une plaie).

EN tout seul quand il signifie *dans, dedans.*

EN initial, quand c'est une pressyllabe qu'on puisse remplacer par l'un des mots DANS, DEDANS, EN, SUR, DE, DEVENIR, ou quand on trouve ı dans la famille. Dans ce dernier cas il est aussi intermédiaire.

En fermer, fermer *dans*; *en* foncer mettre *dans* un fond ; *em* pirer, devenir pire ; *en* sabler, mettre *dans* du sable, *en* graisser, mettre de la graisse *sur* ; s'*en* fuir, fuir *de* ; *em* pereur, *im* pératrice ; *en* tier, *in* térieur, *in* sérer; v *en* ger, v *in* dicatif; *en* censer, *in* cendier, c *en* dre, c *in* éraire.

AEN dans caen, nom de ville, AON dans faon, paon, taon.

EMPT dans exempt et ses dérivés.

40.   *Le son* IN.

IN toujours quand il est initial, excepté AINSI. Intermédiaire et final , quand la famille rejète tout autre signe. Travers *in*, médec *in*, mat *in*, v *in*, encl *in*, div *in*, rais *in*, etc.

INCT dans *instinct*, *distinct*, etc. INGT, *vingt*, INQ *cinq* et autres qu'on trouvera par les dérivés.

YM, YN. Voy. 25 3.º.

AIN quand on retrouve un *a* dans la famille. P*ain*;
panacée, m*ain*, manuel, s*ain*, s*a*nté. Voy. 94.

Remarquez dédain, demain, forain, refrain,
certain, et ceux où l'on entend AIN, et nou INE
dans le féminin. Plus les verbes vaincre, plaindre
et contraindre.

EIN, quand on retrouve *e* dans la famille et avant
les sons GN et DRE. Fr*ein*, éfréné, ser*ein*, sérénité, pl*ein*, plénitude, p*ein*dre, p*ein*guant.
Voy. 27 4.°

EN, quand il est précédé de *é* ou de *i* sabéen, eu-
ropéen, tien, mien, il tient. Voy. 27, remarquez
sein, seing, essaim, dessein, rein, daim et in-
grédient.

41.   *Les sons* ON *et* UN.

Ces sons ne présentent aucune difficulté, parce que
les dérivés indiquent les lettres terminatives. Pour les
terminaisons en ON relatives aux verbes, voy. 25 et
30 ; et pour les mots étrangers, voy. 23 3.°

Plom*b*, plom*b*er, tron*c*, tronqu*er*, galo*n*, galo*nn*er. Parfu*m*, parfu*m*er, défu*nt*, défu*nte*, bru*n*,
bru*ne*, etc.

42.   *Les sons* OIN *et* OA.

Ces sons ne présentent aucune difficulté. On sait
que OA est représenté par OI, les dérivés indiquent
les lettres terminatives, froi*d*, froi*d*eur, croi*x*,
cru*ci*fier, poin*t*, poin*t*er, puin*g*, poi*gn*et. Voy.
94 et 21 2.°

43.   *Terminaisons diverses.*

çon , son , sson..

ÇON final des mots suivans où le *c* est quelquefois
indiqué dans la famille, ou bien se change en
T. Exemples. Besan*ç*on, bison*t*in, ar*ç*on, ar*c*,
étan*ç*on, gar*ç*on, gla*ç*on, hame*ç*on, lima-
*ç*on, ma*ç*on, pin*ç*on, sene*ç*on. Voy. 94.

Touts les autres s'écrivent par s ou ss, selon que ces lettres sont précédées d'une voyelle ou d'une consonne.

44. *Tion, sion, ssion, xion, cion.*

TION, après A, I, O, U, C, P, érup*t*ion, atribu*t*ion, ac*t*ion, rela*t*ion, édi*t*ion, injec*t*ion.

SION, SSION on l'écrit ainsi après toute autre lettre que A, I, O, U, C, P, selon que le s se trouve après une voyelle ou après une consonne ; même après les nasales AN, IN, UN, on écrira SION : pen*s*ion, contor*s*ion, subver*s*ion, se*ss*ion, répul*s*ion.

Remarquez les mots *mission*, *passion* et leurs dérivés, les mots terminés par *vention*, *tention* et les suivants. Un *sc*ion, suc*ci*on, sci*ss*ion, ten*s*ion (de *tendre*), réper*c*u*ss*ion, dis*c*u*ss*ion, con*c*u*ss*ion, a*ss*er*t*ion, in*s*er*t*ion, in*c*ur*s*ion, ex*c*ur*s*ion et d'autres où la lettre convenable est indiquée par la famille, comme dans suspi*c*ion, suspe*ct*, suje*t*ion, suje*tte*, déser*t*ion, discré*t*ion, men*t*ion, por*t*ion, reple*t*ion, secré*t*ion, anne*x*ion, inile*x*ion, réfle*x*ion, voy. 94.

45. *Cer, scer, ser, sser.*

On écrit ce son final par un c quand on retrouve un analogue ou un r dans un des mots de la famille, tels que : aga*c*er, a*c*re, agen*c*er, gen*t*il, avan*c*er, avan*t*age, ber*c*er, ber*c*ail, la*c*er, la*c*, éfa*c*er, fi*g*ure, voy. 94 et remarquez les suivants.

Caden*c*er, courou*c*er, épi*c*er, espa*c*er, épu*c*er, exau*c*er, exer*c*er, far*c*er, ger*c*er, gla*c*er, grima*c*er, grin*c*er, lan*c*er, balan*c*er, apié*c*er, s'immi*sc*er, manigan*c*er, mena*c*er, nuan*c*er, per*c*er, pin*c*er, fian*c*er, pla*c*er, sau*c*er, lan*c*er, tra*c*er, tier*c*er, finan*c*er, ensemen*c*er, écor*c*er, leurs composés et leurs dérivés.

Touts les autres mots s'écrivent par *ser* ou *sser*, selon que le s se trouve après une consonne ou entre deux voyelles. Voy. en outre 60.

---

46. *Cir , ssir , sir.*

Les suivants s'écrivent par c; cette lettre, un de ses analogues ou le т se retrouve quelquefois dans la famille.

Adou c ir , édul c orer, étre c ir, étroi t e , racour c ir, écour t er , obscur c ir , obscuri t é , amin c ir , dur c ir, éclair c ir , far c ir , chan c ir , noir c ir et ran c ir.

Touts les autres s'écrivent par *sir* ou *ssir*, selon que le s se trouve après une consonne ou entre deux voyelles.

47. *Ci , si , ssi , s'y.*

ci   final , dans les mots suivants, ci, ici, ceci, voici , merci , souci , Voy. 45, 46 et 48.

si   quand il est seul et qu'il marque une condition. Exemple, si vous voulez , s'il venoit , s'ils font leur ouvrage.

ssi   quand il se trouve entre deux voyelles.

s'y   pour *soi là, soit à cela.* Exemples, il *s'y* est mis, *pour il a mis soi là.* Il *s'y* conforme, *pour il conforme soi à cela.*

48. *Cie , tie , scie , sie , ssie.*

cie , tie , scie , quand on retrouve c, t ou ch dans un des mots de la famille. Voy. 94 et remarquez les suivants.

Il asso c ie , il balbu t ie , il licen c ie , il ini t ie , il négo c ie , il offi c ie , il préjudi c ie , il suppli c ie , il vi c ie , une facé t ie , la superfi c ie. Voy. 47 et 94.

Touts les autres s'écrivent par s ou ss , selon la règle. Voy. 45.

49. *Cier , tier , ssier , scier.*

Les mêmes mots que l'on voit au n.° 48 prennent au présent de l'infinitif la même lettre qu'ils ont dans leur terminaison *ie.*

50.   *Ance , ence , anse , ense.*

La plus grande partie des mots de cette terminaison
dérive de ceux qui sont terminés par ANT, ENT, voy.
39, les uns et les autres ont pour syllabe finale CE.

Complais*ant*, complais*ance*,   prés*ent*,   prés*ence*,
    vigil*ant*,   vigil*ance*,   ag*ent*,   ag*ence*,
connoiss*ant*, connoiss*ance*,   viol*ent*,   viol*ence*,

Remarquez les suivants qui s'écrivent par SE. An*se*,
port , dan*se*, *danser* , den*se*, *epais*, défen*se*,
dépen*se*, immen*se*, inten*se*, offen*se*, tran*se* ,
récompen*se*, il compen*se*, encen*se* , récen*se* , la
pan*se*, et il pen*se*.

Les suivants n'ont pas de primitif connu. Ais*ance*,
dolé*ance*, sent*ence* , ais*ance*, inadvert*ance*, jac-
t*ance*, nonchal*ance*, protubér*ance*, r*ance*, sci*ence*,
clém*ence*, vac*ance*, et les mots terminés en *férence*.
Ceux qui sont dérivés des mots qu'on peut écrire de
deux manières , par ANT et par ENT, et qui pro-
viennent d'un verbe, s'écrivent par E, néglig*ence*,
présid*ence*, adhér*ence*, exig*ence*, excell*ence*. Voy.
39, ENT 2.º

51.   *Ince , insse , once , onse.*

Ecrivez avec un c, min*c*e, prin*c*e, provin*c*e , il
rin*c*e, il grin*c*e et leurs dérivés. Touts les autres
mots s'écrivent par *insse :* ce sont les passés du conjonctif des verbes *tenir* , *venir* , et de leurs composés.

Le son *once* s'écrit par c, excepté *réponse* de
répondre ; de là respon*s*able , respon*s*abilité.

52.   *Amment , emment.*

Touts les mots ainsi terminés dérivent touts de ceux
terminés par ANT, ENT, voy. 39 ou 45, c'est-à-dire
qu'on les écrit par A ou par E, selon la règle du mot
primitif, et qu'on redouble le M.

Sav*ant*, sav*a*mment,   dilig*ent*, dilig*e*mment,
const*ant*, const*a*mment, différ*ent*, différ*e*mment,
puiss*ant*, puiss*a*mment, pati*ent*, pati*e*mment.

53.   *Arre , are.*

Je contreca*rre* , bisa*rre* , des a*rr*hes , remarquez baga*rre* , ba*rre* , je na*rre* , et j'ama*rre* ; touts les autres s'écrivent ARE.

54.   *Ère , erre , aire.*

ÈRE ,   voy. 32 et remarquez les suivants où l'on ne retrouve pas É dans la famille. Baptistère , ère (*époque*) , frère , guè*re* ou guè*re*s (*peu*) , somnifè*re* et ceux qui sont terminés en *fère* ; (sans parler du verbe *faire*).

ERRE ,   éque*rre* , cimete*rre* , les e*rre*s (*du cerf*) , ou les e*rr*emens , la gue*rre* , lie*rre* , te*rre* , se*rre* , parte*rre* , tonne*rre* , ve*rre* , il fe*rre* , il enfe*rre* , et pie*rre*.

AIRE ,   Touts les mots qui ne sont pas indiqués par les règles précédentes ni par la règle 32 , s'écrivent avec AI ; cet A est souvent indiqué dans la famille. Exemple : extr*aire* extr*a*ction , f*aire* , f*a*çon , br*aire* , br*a*iller. Voy. 94.

Remarquez les suivants ou l' A n'est pas indiqué ; Auxili*aire* , domicili*aire* , subsidi*aire* , herni*aire* , incendi*aire* , survivanci*aire* , cinér*aire* , mobili*aire* , pécuni*aire* , stipendi*aire* , vesti*aire* , vendémi*aire* , brum*aire* et frim*aire* du mot *frimats*.

Cette terminaison convient particulièrement aux noms de personnes commises à un emploi ; un commiss*aire* , un garnis*aire* , un surnumér*aire*.

55.   *Ire , irre , yre , ir.*

IRE ,   les noms féminins excepté , le délir*e* , le navir*e* , un empir*e* , et sir*e* (*seigneur*) , plus , les verbes indiqués au n.° 27 3.° et 8.°

IRRE ,   le seul mot squirre (*tumeur*).

YRE ,   les mots lyre (*instrument*) , le martyre (*supplice*) , et quelques noms propres.

4

IR , touts les mots qui ne sont pas indiqués par les règles ci-dessus , les verbes qui ont le participe du présent en ISSANT , et ceux indiqués au n.º 27 2.º

56.   *Or , ore , orre , aure.*

OR , les noms masculins , l' *or* , le trés *or* , le maj *or* , l'ess *or* , le c *or* (*de chasse*) , le c *or* (*au pied*) , enc *or* (*en poésie*) , corrid *or* , but *or* , simil *or* et tricol *or* (*fleur*).

ORE , les noms féminins et les mots suivants , une aur *ore* , son *ore* , tricol *ore* (*couleur*) , enc *ore* , les p *ores.*

ORRE , quelques personnes des verbes parmi lesquels il faut remarquer , il abh *orre* et cl *orre* , *et mieux* cl *ôre ,* enfin quelques noms propres et des mots étrangers.

AURE , les mots suivants , un cent *aure* , un m *aure* , il rest *aure* , et s *aure* (*couleur*).

ORS , remarquez lor *s* , alor *s* , hor *s* , tor *s* , corp *s* , recor *s* , et ceux où s est indiqué par un dérivé.

57.   *Our , ourre et ourre.*

OUR , les noms masculins , labou *r* , contou *r* , un fou *r.*

OURRE , les noms féminins , et des verbes , la bour *re* , il four *re* , cour *re* (*de courir*) , remarquez bravou *re.*

58. *Ur , ure , eur , eure , eurre , heur.*

UR , est pour les mots masculins , et UR e pour les mots féminins et pour quelques personnes des verbes en URER ; remarquez le mot gag *e* ure où l' *e* adoucit le *g* gutural.

EUR , les noms de cette terminaison qui sont masculins , sont relatifs à une personne , tels sont: acteur , admirateur , procureur , professeur , plieur , etc. , et ceux qui sont féminins , sont relatifs à un nom idéal : tels sont, la douceur, la candeur, la saveur.

EURE, le son *eu* est plus sourd que dans les mots
en *eur*. Exemple : demeure, heure, qu'il meure,
il pleure, il effleure.

EURRE, il n'y a que les mots : le beurre, le leurre,
il leurre.

HLUR, les seuls mots bonheur, malheur, et le heurt
(*de heurter*).

59. *Oir, oire, hoir.*

OIR, les noms de cette terminaison sont dérivés ou
non d'un verbe ; s'ils sont dérivés d'un verbe en
ER, et qu'ils soient du genre masculin, ils s'é-
crivent oir : un sechoi*r*, un mouchoi*r*, un en-
tonnoi*r*, un boudoi*r*, un étoufoi*r*, un tiroi*r*,
un lavoi*r*.

OIRE, s'ils ne sont pas dérivés d'un verbe, ils s'é-
crivent *oire* ; un auditoi*re*, un laboratoi*re*, un
mémoi*re*. Remarquez : le désespoi*r*, l'espoi*r*,
le dortoir, le manoi*r* ; et les noms féminins,
la passoi*re*, la nageoi*re*, la balançoi*re*.

Ajoutez-y quelques adjectifs, tels que, pro-
visoi*re*, préparatoi*re*, etc. De touts les verbes
en OIR, il n'y a que BOIRE, CROIRE, et leurs
composés qui s'écrivent OIRE ; et le seul mot
HOIR (*héritier*), qui s'écrive par un H, de là
hoirie (*héritage*).

60. *Ace, asse.*

ACE, quand on retrouve une guturale ou un *t* dans
la famille, tels que fa*c*e, fi*g*ure, besa*c*e,
bissa*c*, voy. 94, et remarquez les suivants :
auda*c*e, bona*c*e (*calme*), coria*c*e, contuma*c*e,
éfica*c*e, espa*c*e, lima*c*e, ra*c*e, tena*c*e, vi-
va*c*e, vora*c*e ; voy. en outre 45.

ASSE, touts les mots non compris dans les règles
ci-dessus s'écrivent *asse*, ainsi que le passé du
conjonctif des verbes en ER.

Cette terminaison est encore un augmentatif
ridicule comme homme, homm*asse*, bon, bo-
n*asse*, fil, fil*asse*.

61. *Aisse, èce , esce , esse.*

AISSE, quand l' A se retrouve dans la famille , b *a* isse,
bas , l *a* isse , l *â* che. voy. 94.

ÈCE, niéce , ve *sc* e (*légume*), et ceux où l'on
retrouve É dans la famille , voy. 32 1.°, 2.° et 3.°

ESSE, touts les mots non compris dans les règles ci-
dessus s'écrivent ESSE.

62. *Isse , ice.*

ISSE, on écrit ainsi les suivants : coul *isse* , écre-
v *isse* , esqu *isse* , jaun *isse* , gen *isse* , l *isse* (*uni*),
mél *isse* , narc *isse* , régl *isse* , sauc *isse* , la su *isse* ,
une pél *isse* , je , il , elle , on gl *isse* , h *isse* ,
lambr *isse* , pl *isse* , pât *isse* , p *isse* , tap *isse* ,
et le passé du conjonctif de plusieurs verbes.

ICE, touts les mots non compris dans les règles
ci-dessus, s'écrivent *ice* , j'ep *ice* , dél *ice* , sa-
crif *ice* , ausp *ice* , etc.

63. *Oce , auce , osse et ausse.*

OCE, les seuls mots atro *ce* , négo *ce* , préco *ce* ,
féro *ce* et no *ce* et sacerdo *ce* .

AUCE, les seuls mots sauce et j'exauce.

AUSSE
et OSSE. touts les autres mots s'écrivent AUSSE quand
le son est long , et OSSE quand le son est bref.
Je h *ausse* , une bo *sse* ; remarquez les mots
gr *o* sse , il engro sse , qu'on écrit bref et qu'on
prononce long comme si l'on écrivait *grausse.*

64. *Uce , usse , eusse.*

UCE, les seuls mots pu *ce* , astu *ce* , il su *ce* , il
épu *ce* .

USSE, le seul mot aum *usse* et le passé du conjonctif
de quelques verbes.

EUSSE, le passé du conjonctif du verbe avoir. Voy.
27 9.°

65.   *Ouce , ousse , housse.*

ouce, les seuls mots qu'on écrive ainsi, sont le pou*ce*, il courou*ce* et dou*ce*. Touts les autres s'écrivent *ousse*, et le seul mot *housse* prend un H.

66. *Aze , èze , ire , oze , uze , euze , oize , ouze , onze.*

On écrit par z les seuls mots suivants : ga*z*e, topa*z*e, trei*z*e, sei*z*e, dou*z*e, on*z*e, bron*z*e et bon*z*e.

Touts les autres mots de ces terminaisons s'écrivent par *s*, voy. 88.

67.   *Ane , Anne.*

On écrit ca*nn*e, jea*nn*e, pa*nn*e, partisa*nn*e, il va*nn*e, paysa*nn*e, et touts les autres mots s'écrivent avec un seul N.

68. *Éne , enne , aine , eine , one , onne , aune.*

On écrit *ène* ou *enne* suivant le son de la voyelle E, on écrit *aine* quand on retrouve A dans la famille, ou quand le mot est le féminin des mots terminés par AIN, voy. 40 : et EINE quand on retrouve E dans la famille, voy. 40 : plus, quelques personnes des verbes en *enir* et en *endre*, voy. 27.

On écrit auto*mne*, amaz*one*, patr*one*, *aune*, f*aune*, j*aune*, rh*ô*ne, sa*ô*ne, et touts les autres s'écrivent *onne*.

69.   *Alle , ale.*

On écrit une ba*ll*e, la ha*ll*e, une ma*ll*e, une sa*ll*e (*sallon*), interva*ll*e, insta*ll*e ; remarquez le hâ*l*e du soleil, et pâ*l*e de couleur, à cause de l'accent circonflexe.

70.   *Éle , elle , aile.*

On écrit *éle*, *elle*, suivant le son long ou bref de

la voyelle qui précède. Le seul mot *aile* s'écrit par *AI* à cause de *a*lerte.

71.   *Il , ille , yle.*

On écrit argi*lle*, asy*l*e, idy*lle*, imbéci*lle*, mi*lle*, pupi*lle*, sty*l*e, tranqui*lle*, vaudevi*lle*, vi*lle*, il disti*ll*e, il osci*ll*e, il vaci*ll*e. Touts les autres mots s'écrivent par un seul *L*.

72.   *Ole , olle , aule, ule, oule, aule.*

On écrit : la co*ll*e , une fo*ll*e , il aco*ll*e , un r*ô*le , épau*l*e , une g*au*le , les g*au*les (*la france*) , un s*au*le , il mi*au*le. Touts les autres mots s'écrivent *ole*.

ULE , OULE , EULE , s'écrivent toujours avec un seul *L*.

73.   *Atte , âte , ète , ette.*

S'écrivent suivant le son long ou bref de la voyelle qui précède.

                    Ite , itte.

Quitte est le seul mot qu'on écrive avec deux *tt*.

74.   *Ote , otte , aute.*

On écrit une bo*tt*e , grio*tt*e , il balo*tt*e , calo*tt*e , caro*tt*e , chenevo*tt*e , une co*tt*e (*jupe*) , cro*tt*e , culo*tt*e , flo*tt*e , gro*tt*e , une ho*tt*e , lino*tt*e , marmo*tt*e , marco*tt*e , maro*tt*e , meno*tt*e , so*tt*e , tro*tt*e , enmaillo*tt*e , garo*tt*e , fro*tt*e , une f*au*te , il s*au*te , h*au*te. Touts les autres mots s'écrivent par *te*.

75.   *Ute , utte.*

Ecrivez flû*t*e , bu*tt*e , hu*tt*e , et lu*tt*e (*combat*) ; et touts les autres s'écrivent par un seul *T*.

76.   *Ac , aque , ec , èque.*

On écrit cas*aque* , op*aque* , mani*aque* et p*âques* ; la gr*ecque* , un obs*èque* et év*èque* : touts les autres s'écrivent par *C*.

77.   *Ic , ique.*

On écrit asp*ic* , ·basil*ic* , un cr*ic* (*à lever*), **p**ic (*pointe*) , pronost*ic* , publ*ic* , synd*ic* , un t*ic* , **et** traf*ic* : touts les autres mots s'écrivent *ique.*

78.   *Oc , oque , uc , uque.*

On écrit c*oque* (*d'œuf*) , ép*oque* , coll*oque* , équiv*oque* , recipr*oque*; eun*uque* , perr*uque* , et touts les autres s'écrivent par c. voy. 84.

79.   *Orthographe des sons articulés.*

B , D , F et G gutural , sont déjà énoncés sous les n.⁰ˢ 14 et 15.

V , GN et CH ne présentent pas de difficultés.

SCH ne se trouve que dans le mot schisme et sa famille.

80.   *J , j' et g lingual.*

J ,   s'emploie avant les voyelles dures A , O , U et G *lingual ,* avant les voyelles douces E , I : ainsi l'on écrira *j*abot , *j*ouer , *j*us ; avec un J et *gé*néreux , *gi*berne , *gé*ant avec un G.

Cependant on écrit avec J , *j*e , *j*eu , *j*et , *j*eune , *j*eûne , *j*eudi , maj*e*sté , maj*e*ur , traj*e*t , ab*j*ect , ob*j*et et leurs dérivés. Voy. le diction- naire des raisons orthogr.

GE , final des terminaisons a*ge*, è*ge*, ei*ge*, i*ge* , o*ge* , u*ge* , ou*ge* , etc. , et des verbes en GER , comme man*g*er , son*g*er , etc. , mais on adoucit le G au moyen d'un E avant A O dans le cours de la conjugaison. Voy. 27 1.⁰

On adoucit encore le G dans pi*g*eon , *g*eolier, bour*g*eon , ga*g*eure et autres.

J'   pour JE dans la conjugaison des verbes qui commencent par une voyelle.

81.   *L , LL , L qu'on appèle mouillée et L'.*

L , LL s'emploient selon que le son est bref ou long. Voyez. de 68 à 71.

ʟ   mouillée s'écrit ɪʟ à la fin d'un mot masculin,
et ɪʟʟᴇ à la fin d'un mot féminin et final des
verbes. Exemples.

le trava*il*, il trava*ill*e. | le somme*il*, il somme*ille*,
le verme*il*, la merve*ill*e. | le recue*il*, il recue*ille*.

ʟʟ ,   dans le corps des mots ; vie*ill*ot, chatou*ill*eux,
brou*ill*on , bab*ill*ard , que je mou*ill*asse , etc.

ʟ'   pour *le, la*, avant un mot qui commence par
une voyelle et encore avant ON : exemple, si
*l'*on veut. Voy. 5 4.°

82.   *M , MM , M'.*

ᴍ, ᴍᴍ, selon que le son de la voyelle qui précède
est long ou bref. Voy. 51.

ᴍ'   pour *me* avant un mot qui commence par une
voyelle : il m'*a*ime, il m'*e*st soumis, tu m'*as*
dit que . . . .

83.   *N , NN , N' , MN.*

ɴ, ɴɴ, selon la longueur ou la briéveté de la voyelle
qui précède. Voy. 66 et 67.

ɴ'   pour *ne* avant un mot qui commence par une
voyelle. Il n'*a* pas, il n'*i*ra jamais, il n'*o*seroit
rien , il n'*y* est pas.

ᴍɴ ,   dans le verbe condamner et sa famille.

84. *c gutural et* QU , CQ , QU'. CC , CH , K.

ᴄ ,   cet analogue s'emploie avant *a , o , u , c , r ,
l ,* et comme final de plusieurs mots. Voyez de
76 à 78.

         C*a*lcul, c*a*lotte, ac*t*eur, c*r*otte, c*l*ôre ,
c*o*urir, ave*c*, be*c*, sá*c*, masti*c*. Le c final
se change quelquefois en ᴄʜ ou en ǫ dans un des
mots de la famille. Cro*c*, cro*ch*et, publi*c* ,
publiq*ue.*

ǫᴜ , quand cet analogue est suivi de *e* ou de *i*, ce
qui se rencontre dans touts les présents de l'infinitif, par rapport à l'*e*. Exemples, liqu*é*fier ,

liqueur , mesquin , croquer , masquer , convoquer , etc.

Nota. Ce qu se conserve ensuite dans toute la famille ou dans toute la conjugaison , malgré que ce son gutural se trouverait avant a , o , u. Ainsi on écrira masquant, croquant, convoquant, nous masquons, nous croquons, nous convoquons. Voyez le verbe vaincre , 27.

Remarquez que la guturale q est toujours suivie de u , ce qui ne forme en quelque sorte qu'un seul signe qu , et que la guturale g est aussi suivie de u avant e et i , et jamais avant a , o , u.

cq , le q ne se redouble pas lui-même , il admet le c comme dans *q*uérir , *ac*quérir , a*cq*uisition , etc.

qu' pour *que* avant un mot qui commence par une voyelle.

cc , voyez 15 pour la réduplication de cette guturale.

ch et k , s'emploient dans quelques mots étrangers , voy. 23 3.° k s'emploie particulièrement pour les mots venus de l'allemand, et ch pour les mots venus de l'hébreu ou du grec.

85.   *R , RR , R' , RH , RRH.*

r , rr , selon que le son qui précède est long ou bref.

r' , quand le mot *entre* précède un mot qui commence par une voyelle. Exemple , ent*r'*autres , s'ent*r'*aider.

rh , dans quelques mots étrangers , voy. 23 3.°

rrh , dans les seuls mots arrhes , arrher et famille ; quant aux autres analogues indiqués au tableau 9 , voy. le dictionnaire des raisons et les verbes irréguliers.

86.   *S , SS , SC , C , Ç , T , X , S' , C'.*

s , ss , on peindra ce mouvement d'organe par *s* ou *ss* , toutes les fois qu'une des remarques suivantes ne s'y opposera pas, et selon qu'il se trouvera après une consonne ou entre deux voyelles.

sc, quand on retrouve le *c* dans un des mots de la famille. Exemple, obs*c*ène, obs*c*ur, des-cendre, es*c*alier, s*c*eller, *c*achet, s*c*ier, couper. Ce *c* est quelquefois la première lettre du verbe *croître*. Exemples, adoles*c*ent, qui a cru à l'état d'adulte; réminis*c*ence, qui *c*roît en souvenir, ou souvenir *c*roissant. Voyez le dictionnaire des raisons, et remarquez les suivants.

Acquies*c*er, s*c*élérat, s*c*ène, s*c*eptre, s*c*eptique, *c*iatique et leurs dérivés.

c, 1.º quand on retrouve *c*, *ch* ou *t* dans la famille. Exemples : servi*c*e servi*t*eur, mili*c*e mili*t*aire, capu*c*in capu*ch*on, prati*c*ien pratique, rusti*c*ité rustique, su*c*er suc, suspi*c*ion suspe*c*ter. Constan*c*e constan*t*e, diligen*c*e diligen*t*e. Voy. 45, 46, 47, 48, 49, 50 et le dictionnaire des raisons.

2.º Après les sons *e*, *é*, *è* : recevoir, le*ç*on, dépé*c*er, dé*c*isif, dé*c*éder, et après touts les sons longs, par la raison qu'on ne peut pas doubler une consonne après un son long. Voy. 14 3.º Espè*c*e, niè*c*e, piè*c*e, actri*c*e, capri*c*e, voy. les numero ci-dessus.

3.º Quand on entend le son s immédiatement après *ac*, *oc*. Exemples : ac*c*éder, ac*c*epter, oc*c*ident, ac*c*ent, d'où résulte la règle suivante.

4.º Initial des mots qu'on peut composer de *ac*, *oc*, comme *c*éder, *c*ession et autres. Voy. de préférence le dictionnaire des raisons, et remarquez les mots suivants.

*C*écité, *c*ène, *c*énobite, *c*énotaphe, *c*entre, *c*ep, *c*endre, *c*érat, *c*érémonie, *c*erneau, *c*ertain, *c*erveau, *c*esser, *c*iboire, *c*iboule, *c*icatrice, *c*il, *c*ilice, *c*ime, *c*imetière, *c*imetère, *c*imier, *c*ingler, *c*ire, *c*iron, *c*i, i*c*i, *c*ité, *c*itron, *c*itrouille, *c*ivet, et touts les mots qui commencent par *cir* ou *circon*. Voy. 94.

ç ,   1.° quand on retrouve *c*, *ch* ou *t* dans la famille , le*ç*on le*c*ture , ar*ç*on ar*c*, hame*ç*on
mâ*ch*er. Voy. 43 et 49.

     2.° Quand ayant été obligé d'écrire un mot de
la famille par *c* , d'après les règles précédentes ,
le *c* se rencontre avant *a* , *o* , *u* , re*c*evoir , re*ç*u,
lan*c*er , lan*ç*ant.

T ,   on met généralement *t* pour *s* avant les sons
doubles qui commencent par *i*. Exemples : ini-
*t*iei , balbu*t*ier , mar*t*ial , cap*t*ieux, pestilen*t*iel,
prophé*t*ie , par*t*ial. Voy. 44 et 48.

x ,   1.° J'ai dit plus haut 5.° « Quand on entend le
son *s* immédiatement après *ac* , *oc* , le son *s*
s'écrit par *c*. »

     Mais si le mot commence par *e* le mouvement
gutural *c* se rend par x et le son *s* se rend par *c*.
Exemples, e*xc*éder , e*xc*eller , e*xc*epter et leurs
dérivés. Voy. 21 6.°

     2.° Quand l'un des sons *cs* ou *gs* se fait en-
tendre dans le corps d'un mot, on le peint par
le seul signe *x*. Au*x*iliaire , réfle*x*ion , fi*x*er,
équino*x*ial. Voy. le dictionnaire des raisons.

s'   pour SE, SOI , a SOI. Quand le mot suivant
commence par une voyelle , et pour SI avant IL ,
ILS , on s'attire , il s'exerce , s'il venait , s'ils
ont raison. Voy. 5 2.°

c'   pour *ce* , *cela* , *cette chose* , avant les temps
du verbe *être* qui commencent par un voyelle :
c'est bien , c'étoit mon devoir : pour cela est
bien , cette chose étoit de mon devoir.

87.   *T* , *TT* , *T'* , *TH* , *D* , *-T-*.

1 , TT ,   suivant que la voyelle qui précède est longue
          ou brève.

T '   pour *te* , *toi* , à *toi* , quand le mot suivant com-
          mence par une voyelle : Je *t*'admire pour
          j'admire *toi*. Il *t*'offre pour il offre à *toi*. Il
          t'engage pour il engage *toi*.

TH   ne s'emploie que dans des mots étrangers ou sans famille. Voy. 23 3.°

D,   final des mots quan*d*, gran*d*, gan*d*, glan*d*, marchan*d*, brigan*d* et frian*d*. Quand le mot qui suit commence par une voyelle. Quan*d* on veut, le gran*d* empire : on prononce : quan*t* on veut, le gran*t* empire.

-T-   euphonique ou postiche dans la troisième personne de quelques temps des verbes. Voy. 5 4.°

88.   *z , s , -s-.*

z   s'emploie, 1.° au commencement des mots. 2.° après le son *ga*. 3.° après *on* et *in*. Exemples : *z*éro, *z*éphir, ga*z*e, ga*z*ette, maga*z*in, bron*z*e, on*z*e, quin*z*e. Voy. 65.

s,   dans tout autre cas on se sert de *s* entre deux voyelles. Cho*s*e, clau*s*e, cau*s*e, ra*s*oir, il ra*s*e, pai*s*ible, plai*s*ir, etc.

-s-   euphonique ou postiche dans l'appelatif des verbes en ER avant *on*, *il*, *elle*, *en* et *y*. Voy. 5 4.°

89.   *E final.*

Une consonne ne peut avoir de son, si elle n'est précédée ou suivie d'une voyelle : c'est pour cela qu'on écrira un *e* à la fin d'un mot qui se termine par deux mouvemens d'organe immédiatement exécutés. Exemples : bu*s*que, ê*tr*e, ger*b*e, burle*s*que, abje*ct*e, etc.

Remarquez qu'un adjectif qui convient aux deux genres et qui paraît se terminer par une consonne, prend un E final. Exemples : agréabl*e*, tranquill*e*, fidèl*e*, sonor*e*.

Il faut en excepter les suivants : *subtil, puéril, viril, vil, public* et leurs composés : plus, ceux qui sont terminés par AL, EL, EUL brefs. Exemples : égal, légal, royal, impérial, bel, universel, réel, personnel, aieul, seul, etc.

90.   *H.*

On peut dire, généralement parlant, qu'un mot qui
commence par un son vocal s'écrit par H quand
ce son vocal n'est pas initial d'une pressyllabe ; mais
cette règle, outre qu'elle suppose une pénétration au
dessus des forces d'un écolier, n'est pas exactement
vraie ; et il ne reste d'autre moyen que de donner ici
la liste des mots usuels qui commencent par H.

Je marquerai d'une ★ ceux dont on aspire le H;
et je ne donnerai qu'un des mots de la famille.

habile	★ hardi	hérésie	★ hocher
habiliter	★ hareng	★ hérisser	★ hochet
habit	★ hargner	heritier	★ hoir, hoirie
habiter	★ haricot	hermaphrodite	★ hola
habituer	★ haridelle	hermine	hombre
★ hableur	harmonie	★ héron	homélies
★ hache	★ harnais	★ heros	homicide
★ hagard	★ harpe	héroine	hommage
★ haie	★ harpon	héroisme	homme
★ haillon	★ hart	héroïque	homogène
★ hair	★ hasard	★ herse	homologuer
★ haire	★ hâte	hésiter	homonyme
★ hâle le	★ hâve	hétéroclite	★ hongre
haleine	★ havre-sac	★ hêtre	honnête
★ haléner	★ havre	heure	honneur
★ haleter	★ hausser	heureux	★ honnir
★ halle la	★ heaume	★ heurter	★ honte
★ hallebarde	héberger	★ hiatus	hôpital
★ halte	hébéter	★ hibou	★ hoquet
★ hamac	hébreu	★ hideux	★ harde
hameçon	hécatombe	★ hie	horison
★ hanche	hélas	hier	horloge
★ hangar	★ héler	★ hiérarchie	hormis
★ hanneton	hémisphère	hiérogliphe	horreur
★ hanter	hémorroides	hipocras	hors
★ happer	★ hennir	hirondelle	hospice
★ harangue	★ héraut	★ hisser	hostie
★ haras	*crieur.*	histoire	hostile
★ harceler	herbe	histrion	★ hôte
★ harde	★ hère	hiver	hôtel
★ hotte	★ hoyau	hoche	hydromel

* houblon	* huche	humer	hydre
* houe	* huer	humeur	hydropique
* houille	huguenot	humide	hymen et
* houle	hui, d'hui	humilier	hyménée
* houpe	huile	* hune	hymne
* houri	huis	* huppe	hyperbole
* houspiller	huissier	* hure	hypocrisie
* houssard et	huit	* hurler	hypothécaire
* hussard	huitre	* hutte	hypothèque
* housse	humain	hyacinte et	hypothèse
* houssine	humble	jacinte	hysope
* houx	humecter	hydraulique	hystérique.

Il semble, dit un ancien professeur, que l'on a essayé de lier les mots *le*, *la*, *les*, *un*, *une*, aux noms qui commencent par un н, et que l'on a évité de faire cette liaison quand elle présentoit une équivoque. Ainsi en liant *le* au mot hasard, on a trouvé *lasare*; *la* au mot haine on a trouvé *laine*; les héros, *les zéros*; *la* hâte, *latte*; *les* hardes, *lésardes*; le haut, *l'eau*; *un* hasard, *un nasard*.

Si cela n'est pas, au moins cette remarque sert-elle à faire sentir le ridicule d'un mot duquel on n'aspireroit pas le н quand il doit l'être.

н sert encore à séparer deux sons. voy. 5.

91.   *RE*, *RÉ*, *DÉ*, *DE initials.*

RE   signifie *de nouveau*, *de rechef*, *re*faire, *re*dire, *re*venir, *re*descendre, *re*doubler, *re*duplication.

RÉ   doit s'écrire avec l'accent quand il n'a pas la signification ci-dessus : *ré*sister, *ré*sulter, etc.

DÉ   annonce le contraire du mot primitif; *dé*faire, *dé*dire, *dé*dommager, *dé*doubler.

DE   sans accent, s'emploie quand il n'annonce pas un contraire; *de*mander, *de*meure. (L'usage en décide quelquefois autrement à l'égard de cette dernière règle).

Il y aurait sans doute d'autres remarques à faire, mais elles seroient des conséquences des premières, et quelquefois, plutôt des sujets de curiosité que des moyens d'instruction.

92.   *Homonymes.*

On appelle ainsi des mots qui ayant le même son,
diffèrent de sens et d'orthographe (1).

A.

Abaisse, *mets en bas.* -- Abesse, *religieuse.*
Acre, *mesure.* -- Acre *au gout.*
Admis, *d'admettre.* -- à demi, *à moitié.*
Ail, *plante.* -- Aille, *d'aller.*
Aile, *d'oiseau.* -- Elle *voudra.*
Aine, *côté.* -- Aisne, *Département.* -- Haine, *de haïr.*
Air, *vent.* -- Aire *à la grange.* -- Ère, *époque.* --
      Erres, *terme de chasse.*
Alêne, *outil.* -- Haleine, *soufle.*
Allaiter *un enfant* -- Haleter, *souffler.*
Amande, *fruit.* -- Amende, *punition.*
Amener, *mener auprès.* -- Emmener, *éloigner.*
Amour, *un fol amour.* Masculin au singulier. --
      Amours, *de folles amours.* Féminin au plur.,
      et masculin quand on parle de *petits génies:*
      de *légers amours.*
An, *année.* -- En, *dans.*
Anche *de tonneau.* -- Hanche, *côté.*
Ancre *de vaisseau.* -- Encre *à écrire.*
Antre, *caverne.* -- Entre *plusieurs.*
Anvers, *ville.* -- Envers *ses amis.*
Août, *mois.* — Houx, *arbre.* — Houe, *outil.*
Ou, *ou bien.* -- Où, *en quel lieu.*
Apprêts, *préparatifs.* -- Après, *en suivant.*
Appris, *d'apprendre.* -- A pris, *de prendre.* -- à prix
      d'argent.
Arrhes, *sureté.* -- Art, *science.* -- Hart, *crode.*
Athée, *sans Dieu.* — Hâte, *de hâter.*
Avent, *Noël.* — Avant, *devant.*
Au, *à le.* — Aux, *à les.* -- Aulx, *ail.* -- Eau, *liquide.*
Haut, *élevé.* -- Os *de viande.* -- Oh! Ho!
Aune *à mesurer.* -- Aulne, *aune, arbre.*

----

(1) Après les règles que j'ai données et le dictionnaire des raisons
orthographiques , une table d'homonymes est inutile ; mais j'ai pensé
qu'elle serait un secours de plus pour l'étude de l'orthographe.

Auspice , signe. -- Hospice, *hôpital.*
Autan, *vent.* — Autant, *adverbe.* — **Au temps,** *mili-*
taire.
Autel *d'une église.* -- Hôtel *d loger.*
Auteur, *écrivain.* -- Hauteur, *élévation.*
Avenir , *Futur.* — à venir, *verbe.*

B.

Bas, *basse.* -- Des bas *à chausser.* — Bât *d'un ane.*
Basilic, *serpent.* -- Basilique, *église.*
Bal, *danse.* -- Balle de plomb , *fardeau.*
Balai *à balayer.* — Ballet, *danse.*
Baux *à loyer.* -- Beaux, *jolis.* - Baud, *chien.*
Beauté *la....* -- Botté *de botter.*
Bête, *animal.* — Bette, *racine.*
Bierre *à boire.* — Bière *d'un mort.*
Boite *de boîter.* -- Boîte, *coffret.*
Bon, *bonne.* -- Bond , *de bondir.*
Bonasse, *doux.* -- Bonace, *calme.*
Boue *des rues.* -- Bout , *fin.*
But, *terme.*—Butte *deterre.* -- But, bu, bus, *de boire:*

C.

Ça, *cela.* — C'a, *cela a.* -- Sa , *son.* -- Sas, *sac.*
Cahot, *cahoter.* — Cahos, *confusion.*
Caisse, *coffre.* -- Qu'est-ce, *interrogation.*
Cal *aux pieds.* -- Cale, *coin.*
Camp *militaire.* — Quand, *en quel temps.* -- Quant,
à moi. — Kan, *souverain.* — Caën, *ville de*
France.
Canaux, *canal.* -- Canots, *barques.*
Car, *conjonct.* — Quart, *quatrième part.*
Carte *à jouer.* — Quarte, *fievre-quarte.*
Cartier, *faiseur de cartes.* — Quartier, *Logement,*
rue, quatrième part.
Ce, *cette.* — Se, *Soi.*
Céans, *ici.* -- Séant *qni convient.*
Ceint *de ceindre.* — Cinq, *nombre.* — Sain , *saine.*
— Saint, *sainte.* -- Sein, *poitrine.* -- Seing ,
signature.
Celle-*là.* -- Sel *à saler.* -- Selle *de cheval.* — *Chaise,*
excrément. -- Scel, *sceau , cachet.*

Cellier, *cave*. -- Sellier, *faiseur de selles.*

Cène, *sainte*. -- Saine, *sain*. -- Scène, *théâtre*. -- Seine, *rivière*.

Cent, *nombre*. -- Cens, *impôt*. -- Sans *amis*. -- Sens, *sentiment.*

Cet, cette, ces. -- Cep *de vigne*. -- Sept, *nombre*. -- Sais, sait, *de savoir*. -- Ses, *son*. -- c'est, *ce est*. -- S'est, *se est.*

Chaîne, *lien*. -- Chêne, *arbre.*

Chair, *viande*. -- Cher, *aimé*. -- Cher, *estimé*. -- Chère, *repas*. -- Chaire, *à prêcher*. -- Chère, *aimée.*

Champ *cultivé*. -- Chant, *chanson.*

Champagne, Bourgogne, *vin de*..... -- Champagne, Bourgogne, *pays.*

Charme, *bois*, *enchantement*. -- Les charmes *de la* musique.

Châsse *de mort*. -- Chasse, *de chasser.*

Chaud, *chaude*. -- Chaux *à bâtir.*

Cœur *du corps*. -- Chœur *d'église ou de musique.*

Ci, *ici*. -- Si, *conjonct*. -- Six, *nombre*. -- S'y, *se y*. -- Scie *à scier.*

Cire *à brûler*. -- Sire, *Majesté.*

Clair, *claire*. -- Clerc, *homme.*

Coin, *angle*. -- coing et coin, *fruit.*

Col, *cou*. -- colle, *à coller.*

Comptant, *argent*. -- Content, *satisfait*. -- En comptant, *calculant*, en contant, *racontant.*

Compte, *calcul*. -- Comte, *dignité*. -- Conte, *narration.*

Coq, *oiseau*, Coque, *coquille.*

Cor, *instrument* -- corps *d'un homme*. -- Un cor *aux pieds.*

Cou, *col*. -- Coup *de poing*. -- Coût, *dépense*. -- Coud, couds, *de coudre*. -- Le coude-*pied* -- Un cou-de-pied *de cheval.*

Couple, *deux époux*. -- Couple, *une paire.*

En couvant, *de couver*. -- Un couvent, *monastère.*

Craint, *de craindre*. -- Crin, *poil.*

Cri, *crier*. -- Cric, *machine.*

Crois, *de croire*. -- croix de bois.

Cru *de croire*. -- Cru, crue, *pas cuit.*

Cuir *de bœuf.* -- Cuire, *verbe.*
Cigne, *oiseau.* -- Signe, *marque.*

D.

Dais, *draperie.* — Dès, *depuis.* -- Des, *de les.* --
    Dé *à coudre.* -- Dey, *souverain.*
Dans, *dedans.* -- Dent *de chien.* -- D'en, *de la.* --
Date, *quantième.* — Datte, *fruit du palmier.*
Dense, *épais.* — Danse, *de danser.*
Déçu, *de décevoir.* -- Dessus, *sur.*
Délacer *un corset.* -- Délasser, *reposer.*
Dessein, *projet.* -- Dessin *au crayon.*
Deux, *nombre.* -- D'eux, *de eux.*
Différend, *querelle.* -- Différent, e, en différant, *en
    tardant.*
Dis, dit, *de dire.* -- Dix, *nombre.*
Dois, doit, *de devoir.* -- Doigt *de la main.*
Don, *présent.* -- Donc, *puisque.* -- Dont, *duquel.* --
    Don, dom, *titre.*
D'où, *de quel lieu.* -- Doux, *Douce.* -- Doubs,
    rivière.
Du, *de le.* — Dû, *de devoir.* -- Duc, *dignité.*

E.

Écho, *qui répète.* -- Écot, *dépense.*
Éclair *au ciel.* -- Éclaire, *d'éclairer.*
Enter, *un arbre.* -- Hanter, *fréquenter.*
A l'envi, *à qui mieux mieux.* -- Envie, *d'envier.*
Étain, *métal.* -- Étaim, *laine cardée.* -- Éteint,
    éteins, *d'éteindre.*
Étang, *eau.* -- Étends, *d'étendre.* — Étaut, *d'être.*
Être, *verbe et nom.* -- Hêtre, *arbre.*
Eux, *elles.* -- Œufs *de poule.*
L'essieu *de charrette.* -- Les cieux, *de Ciel.*
En évidant, *une noix.* -- C'est *évident.* --
En excellant *dans les arts......* Ce vin est excellent.

F.

Un fabricant. -- En fabriquant.
Face, *visage.* -- Fasse, *de faire.*
Faim, *manger.* -- Fin, *finir.* -- Fin, *fine.* -- Feins,
Feint, *de feindre.*

Faire, *verbe.* -- Fer, *métal.* -- Ferre, *de Ferrer.*

Fais, fait, *de faire.* -- Faix, *fardeau* -- Fait, *action.*

Faites, *de faire* -- Faîte, *sommet.* -- Fête, *solennité.*

Faisan, *oiseau.* -- Faisant, *de faire.*

Faon, *jeune cerf.* -- Fends, *de fendre.*

Fard, *rouge.* -- Phare, *feu allumé.*

Il fausse *son serment.* -- Fausse, *qui n'est pas vraie.* Fosse, *trou.*

Faux, *fausse.* -- Faux *à faucher.* -- Faut, *de falloir et de faillir.*

Fesses, *partie du corps.* -- Féces, *lie des liqueurs.*

Fils, *fille.* -- Fit, fis, fît, *de faire.* -- Fi, *mépris.*

Fléau, *calamité.* -- Flots, *onde.* -- Fléau *à battre le blé* -- Fleaux *d'une balance.*

Foi, *croyance.* -- Foie *de veau.* -- Fois, *une, deux.* -- Fouet. -- *châtiment.*

Forêt, *outil.* -- Forêt, *bois.*

Foudre, *grand tonneau, un guerrier.* -- Foudre, *tonnerre.*

Frai *des poissons.* -- Fraye, *de frayer.* -- Frais, *fraîche.* -- Frais, *dépenses.*

Fut, *colonne.* -- Fut, fût, *d'être.*

G.

Cent, *gens.* -- Jean, *nom.* -- J'en, *je en.*

Goûte, *de goûter.* -- Goutte *d'eau.*

Grâce, *faveur.* -- Grasse, *de graisse.* -- Grâces, *les trois.*

Graisse *de bœuf.* -- Grèce, *pays.*

Grammaire, *livre.* -- Grand'mère, *parente.*

Grès, *pierre.* -- Gré, *bon gré.* -- Gray, *ville.*

Gris, *couleur.* -- Gril *à griller.*

Guère et guères, *peu.* -- Guerre, *combat.*

H.

Le Hâle *du soleil.* -- La halle *au blé.*

Héraut, *envoyé.* -- Héros, *conquérant.*

Heurt, *choc.* -- Heure *du jour.*

Hombre, *jeu.* -- Ombre, *d'un arbre.*

Hors, *dehors.* -- Or, *métal.* -- Or, *ainsi.*

Hôte *d'un logis.* — Hotte, *panier.* — Ote, *d'ôter.*
Huis, *porte.* — Huit, *nombre.*
Hune, *d'un vaisseau.* — Une, *un.*
Hure *de sanglier.* — Eurent, *d'avoir.* — Eure, *Département.*

I.

Ivoire, *boule de......* — Y voir, *voir là.*

J.

Jeûne, *abstinence.* — Jeune *d'âge.*
J'eus, *d'avoir.* — Jus *de citron.*
Jante *d'une roue.* — J'ente *un pommier.*

L.

La, *le.* — Là, *en cet endroit.* — Las, *fatigué.*
Lac, *eau.* — Lacs, *lacet.* — Laque, *gomme.*
Lait *de chèvre.* — Laid, *laide.* — Legs, *héritage.*
Leur, *leurs.* — Leurre, *appât.*
Lisse, *uni.* — Lisse, *de lisser.* — Lice, *carrière.*
Lieu, *endroit.* — Lieue *de chemin.*
Lion, *animal.* — Lyon, *ville.*
Lire *un livre.* — Lyre, *instrument.*
Lit, *de lire.* — Lit *à coucher.* — Lys, *fleur.*
Long, *longue.* — L'on, *on.*
Lutte, *combat.* — Lute *à luter.* — Luth, *instrument.*

M.

Ma, *mon.* — Mât, *mâture.* — Mat, *or mat.*
Mai, *mois.* — Mais, *encore.* — Mes, *mon.* — Mets *à manger.* — Mets, *met, de mettre.*
La main. — Le Mein, *rivière.* — Maint, *plusieurs.*
Mail, *jeu.* — Maille *de tricot.*
Maire *d'une ville.* — La mer, *eau.* — La mère.
Mal, *mauvais.* — Malle, *coffre.* — Mâle *et femelle.*
Mante, *couverture.* — Menthe, *herbe.* — Mente *de mentir.* — Mantes, *ville.*
Mars, *mois.* — Marc *de raisins.* — Marc, *saint.* — Mare, *eau.*
Marchand, *qui vend.* — Marchant, *qui marche.*
Mari, *marié.* — Marri, *repentant.* — Marie, *nom.*

Màtin, *chien.* -- Matin *du jour.*
Maux, *douleurs.* -- Mots, parole. -- Meaux, *ville.*
Mêlons *de mêler.* -- Melon, *fruit.*
Mètre, *mesure.* -- Maître, *possesseur.* -- Mettre
    poser.
Mi, *milieu, musique.* -- M'y, *me y.* -- mis, mit *de*
    mettre.
Mœurs, *usages.* -- Meurs, *de mourir.*
Mil, *grain.* -- Mil et mille, *nombre.*
Mois *de l'année.* -- Moi, *me, je.*
Mon, *ma.* -- Mont, *montagne.* -- Mons, *ville.*
Mords, *de mordre.* -- Mort, *de mourir.* -- Mors *de*
    cheval. -- Maure, *noire.* -- Saint-Maur.
Mou *de veau.* -- Mou, *molle.* -- Moût, *vin.* -- Moue,
    grimace. Moud, *de moudre.*
Mur, *muraille.* -- Mûr, *mûre.* -- Mûre, *fruit.*

N.

Naît, *de naître.* -- Net, *propre.* -- N'est, *ne est.*
Nez *du visage.* -- Né, *de naître.*
Nid *d'oiseau.* -- Ni, *non plus.* -- N'y, *ne y.*
Noix, *fruit.* -- Noye, *il se noye.*
En négligeant *vos affaires.* -- *Cet homme est un né-*
    gligent.
Nu, *sans vêtement.* -- N'eut, n'eût, *d'avoir.*
On *dit.* Ont, *d'avoir.* -- Onc, *jamais.*
Orgue, *masculin au singulier.* -- Orgues, *féminin*
    au pluriel.
Oubli, *d'oublier.* Oublie *à manger.* -- Il oublie, *d'ou-*
    blier.
Oui, *non.* -- Ouï, *d'ouïr.*

P.

Pain *à manger.* -- Pin, *arbre.* -- Peint, *de peindre.*
Paire, *couple.* -- Le père *du fils.* -- Pair, *dignité,*
    égal.
Palais *d'un prince, de la bouche.* -- Palet *à jouer.*
Panse, *ventre.* -- Il panse *un cheval.* -- Je, il, on
    pense, *de penser.*
Paon, *oiseau.* -- Pan, *dieu de la fable.*
Par, *prép.* -- Part, *partie.* -- Pars, *part, de partir.*

Parant *qui pare*. -- Parent *de la famille*.

Pari, *gageure*. -- Parie *de parier*. -- Paris, *ville*. -- Pâris, *nom propre*.

Paume *à jouer*. — Pomme, *fruit*.

Pause, *repos*. -- Pose, *de poser*.

Peau *d'animal*. -- Pots *de terre*. -- Pau, *ville*. -- Pô, *rivière*.

Pêche, *fruit*. -- Pêche *aux poissons*.

Pinte, *mesure*. — Peinte *de peindre*.

Peine, *ennui*. -- Pêne *de serrure*. -- Penne, *plume*.

Penser, *réfléchir*. -- Panser *une plaie*.

Perce, *de percer*. -- Perse, *pays*. -- Pers, *couleur*.

Peu, *guère*. -- Peut, peux, *de pouvoir*.

Pique, *arme*. -- Pic, *pointe*.

Pieu, *piquet*. -- Pieux, *dévot*.

Plaie, *blessure*. -- Plaît, *de plaire*. -- Plaids, *procédure*.

Plain, *plat*. -- Plein, *rempli*. -- Plaint, *de remplir*.

Plaine, *plat pays*. -- Pleine, *emplie*.

Plan *d'architecture*. -- Plant *à planter*.

Plainte, *regret*. -- Plinthe, *le bas d'une boiserie*.

Poil, *cheveu*. — Poêle *à chauffer ou à frire*.

Poids *à peser*. -- Poix *de cordonnier*. — Pois *à manger*.

Poing, *main fermée*. -- Point, *aucun*. -- Poinds, *de poindre*.

Port *de mer*. -- Port *de lettre*. -- Porc, *animal*. -- Pores *de la peau*.

Pou, *vermine*. -- Pouls, *artère*.

Pouce, *doigt*. — Pousse *de pousser*. — La pousse, *la germination*.

Précédant (*en*). -- *Le mois* précédent.

Près, *proche*. — Prêt *d'argent*. -- Pret, *préparé*.

En présidant *le tribunal*. -- *M.* est président *au tribunal*.

Prier *Dieu*. — Prière, *oraison*. -- ils prièrent.

Prix, *récompense*. -- Pris, prit, *de prendre*. -- Prie *de prier*.

Puce, *insecte*. -- Pusse, *de pouvoir*.

Puis, *après*. -- Puis *de pouvoir*. -- Puits *d'eau*.

Q.

Quand *on est vertueux*. -- Quant-*à moi*.......
Quelque *article*. -- Quelque.......... que , *quoique.*
— Quel que , quelle que , voy. 104.
Quoique, *lors-même-que*. --Quoi que , *quelque chose
que.* '

R.

Raie, *barre*. -- Raye *de rayer*. -- Raie , *poisson*. --
Rets, *filet*. -- Rez-de-chaussée.
Raisonner*, parler*. -- Résonner, *rendre du bruit*.
Rang, *dignité*. -- Rend , rends, *de rendre*.
Rat, *animal*. -- Ras, *sans poil*.
Rauque, *voix*. -- Roc, *rocher*.
Récent, *nouveau*. -- Ressent, *de ressentir*.
Régal, *festin*. -- Régale, *eau régale*.
Rein , *dos*. -- Rhin, *fleuve*.
Reine *de Naples*. — Rêne *d'un cheval*. -- Renne
animal.
Le révérend *père*. -- La révérende *mère*. --En ré-
vérant *ses parents*.
En résidant *dans cette ville*. -- Le résident *de France.*
Rince, *de rincer*. -- Rheims, *ville*.
Riz *a manger*. — Ris, *de rire, de veau*.
Romps, *de rompre*. -- Rond, *ronde*.
Roue *de chariot*. -- Roux, *rousse*.

S.

Sale, *malpropre*. -- Salle *à manger*.
Sanglant, *de sangler*. -- Sanglant, *ensanglanté*.
Saut; *sauter*. -- Sceau, *cachet*. -- Seau *à puiser*. --
Sot, *sotte*.
Sceller, *cacheter*. --Seller *un cheval*.--céler, *cacher*.
Sec, *sèche*. -- C'est *que*.
Serein, *clair*. -- Serin , *oiseau*.
Serre, *de serrer*. — Sers *de servir*. Serres *d'oiseau*.
-- Cerf, *animal*. -- Serf, *esclave*.
Soi, *se*. -- Soie, *étoffe de*. -- Soit, *d'être*.
Sole, *poisson, pied d'animal*. -- Saule, *arbre*. —
Sol , *terrain*.
Son *de froment*. — Son, *bruit*. -- Son, *sa*. Sont, *d'être*.

(72)

Sou, *monnoie.* -- Saoul, soûl, *yvre.* -- Sous *la table.*
Statue *de marbre.* -- Statut, *règlement.*
Suis, *d'être.* -- Suis, suit, *de suivre.* Suie *de che-*
    minée.
Sur, *dessus.* -- Sûr, *certain.*
Scieur *de bois.* -- Sieur, *monsieur.*

T.

Ta, *ton.* -- Tas, *monceau.*
Tâche, *ouvrage.* -- Tache, *souillure.*
Tain *d'une glace.* -- Teint, *visage.* -- Teins, teint,
    de teindre. -- Thim, *plante.*
Se taire. -- *La* terre.
Tant, *autant.* -- Temps, *saison, durée.* -- Tan *des*
    cuirs.
Tante, *parente.* -- Tente *du soldat.*
Ton, *ta.* -- Thon, *poisson.* -- Taon, *insecte.* -- Ton,
    musique, vigueur.
Tapis *de pied.* -- Tapi, *de tapir.*
Tard, *tardif.* -- Tare, *poids.*
Taupe, *animal.* -- Tope, *de toper.*
Taux, *valeur* -- Tôt, *bientôt.*
Terme, *borne.* -- Thermes, *eaux.*
Tes, *ton.* -- Thé, *plante.*
Tien, *tienne.* -- Tiens, tient, *de tenir.*
Toi, *te.* -- Toit *d'une maison.*
Trait, *dard, d'histoire.* -- Très-sage.
Tribu, *société.* -- Tribut, *impôt.*
Trois, *nombre.* -- Troyes, *ville de France.* -- Troie,
    ville ancienne.
Trop *à faire.* -- Trot *d'un cheval.*
Tu, *toi.* -- Tû, *de taire.* -- Tue, *de tuer.*

V.

Vingt, *nombre.* -- Vin, *liqueur.* -- Vain, *vaine.*
    Vint, *de venir et qu'il vînt.*
Vaine, *orgueilleuse.* -- Veine *de sang.*
Van *à vanner.* -- Vent, *air.*
Votre, *le vôtre.* -- Vautre, *de Vautrer.*
Veau, *animal.* -- Vaud, *pays.* -- Vaut, vaux, *de valoir.*
Ver *de terre.* -- Verre *de vitre.* -- Vers, *auprès.* --
    Vers, *rime.* -- Vert, *couleur.* -- Vair, *de blason.*

Vesce, *grain.* -- Vesse, *de vesser.*
Veux, veut, *de vouloir.* -- Vœu promesse.
Vice, *défaut,* -- Visse à *visser.*
Vil, vile, *bas.* -- Ville, *cité.*
En violant *les lois.* -- *Ce moyen est* violent.
Voie, *mesure, chemin.* -- Voix *humaine.*
Voir, *regarder.* -- Voire, *un peu, donc.*

---

93   *Remarques diverses.*

1.ª Quelques noms sont tantôt du sexe masculin,
et tantôt du sexe féminin, suivant le sens dans lequel
on les prend.

Exemples comparés.

Masculin.   *Féminin.*

Aide, celui qui aide. -- Aide, celle qui aide. -- Aide,
     assistance.
Aigle, oiseau. -- Aigle, enseigne militaire.
Ange céleste. -- Ange, poisson.
Aune, aulne, arbre. -- Aune, mesure.
Barbe, cheval. -- Barbe, poil.
Capre, vaisseau armé. -- Capre, fruit.
Carpe, partie entre le bras et la main. -- Carpe,
     poisson.
Cartouche, ornement. -- Cartouche, charge d'une arme.
Coche, voiture d'eau. -- Coche, entaille dans du bois.
Contre-garde, emploi d'homme. -- Contre-garde,
     fortification.
Cornette, officier. -- Cornette, coëffe de femme.
Custode, emploi ecclésiastique. -- Custode, partie d'un
     foureau de pistolet.
Enseigne, officier. -- Enseigne, drapeau, remarque
     d'une boutique.
Exemple, précepte. -- Exemple, modèle d'écriture.
Garde, homme qui garde. -- Garde, femme qui garde,
     ou réunion de soldats dans un poste.
Garde-robe, fourreau -- Garde-robe, buffet, ou lieu à
     conserver des effets.
Givre, gelée blanche. -- Givre, serpent (blason).
Greffe, lieu où l'on écrit. -- Greffe, branche greffée.

Masculin.   Féminin.

Le gueules, (terme de blason), *rouge*. -- Gueule d'un animal.

Guide, conducteur. -- Guide d'un cheval.

Héliotrope, fleur. -- Héliotrope, pierre précieuse.

Hépatite, pierre précieuse.-Hépatite, maladie du foie.

Hymne, poeme ou cantique.--Hymne de l'office divin.

Le Lys, fleur. -- La Lys rivière.

Livre à lire. -- Livre à peser.

Loutre, chapeau de poil de loutre. -- Loutre, animal.

Manche, poignée d'un outil. -- Manche, bras de mer.

Manœuvre, journalier. -- Manœuvre militaire.

Masque de carton, etc. -- Masque, injure à une femme.

Mémoire, état, écriture. -- Mémoire souvenir.

Mode, terme de grammaire. -- Mode, usage, façon, mise.

Môle à l'entrée d'un port. -- Môle, masse informe de chair.

Mousse, matelot. -- Mousse, herbe, écume.

Œuvre, recueil de musique, de peinture, ouvrage, travail -- Œuvre, action, œuvres d'un auteur.

Office, emploi, devoir, fonction. -- Office, lieu pour le service de la table.

Ombre, et hombre, jeu. -- Ombre, obscurité.

Page, officier au service d'un prince. -- Page d'un livre.

Palme, mesure. -- Palme, branche du palmier.

Pâque ou Pâques, jour de Pâque. -- Pâques, festin et fête des juifs.

Parallèle, comparaison. -- Parallèle, ligne tirée.

Pendule, balancier de la pendule. -- Pendule, horloge.

Période, le plus haut degré. -- Periode, époque, réunion de phrases.

Personne, quand il est sans article. -- Personne, quand il est avec un article.

Poêle, lieu chauffé par le poêle. -- Poêle à frire.

Polacre de Pologne. -- Polacre, vaisseau.

Ponte au jeu. -- Ponte des œufs.

Poste, emploi, corps-de-garde, etc. -- Poste aux lettres.

Pourpre, maladie, couleur. -- Pourpre, étoffe rouge, poisson.

Quadrille, jeu. -- Quadrille, arrangement de cavaliers.

Masculin.   *. Féminin.*

Réclame , appel aux oiseaux. -- Réclame , terme d'in-
 primerie.

Recrue, soldat. -- Recrue, levée de soldats.

Régal , festin. -- Régale , eau régale , (orfèvrerie).

Relâche , repos , cessation. -- Relâche , lieu où l'on
 aborde.

Remise , carosse de louage. -- Remise , délai , rabais ,
 lieu à voitures.

Satyre , demi-dieu. -- Satyre ou satire , poéme , cri-
 tique.

Sauve-garde, protecteur. -- Sauve-garde, lettre protecti.

Serpentaire , constellation. -- Serpentaire , herbe.

Somme , sommeil. -- Somme d'argent.

Souris , ris en dessous, grâce. -- Souris , rat.

Tour à tourner, etc. -- Tour , bâtiment.

Triomphe , honneur. -- Triomphe , jeu.

Trompette, celui qui sonne de. . . . -- Trompette ,
 instrument.

Vague de l'air, l'espace. -- vague, onde , flot.

Vase , bassin, pot, tonneau , etc. -- Vase , boue , limon.

Vigogne , animal, -- Vigogne , laine de vigogne.

Voile , draperie. -- Voile d'un vaisseau.

2.º *Quelques noms ont des pluriers différents,*
selon le sens dans lequel on les prend.

Sing. Travail , ouvrage , *Plur.* travaux. -- Machine et
 lieu où l'on travaille. *Plur.* Travails.

Sing. Ciel, firmament. *Plur.* Cieux. -- *Sing.* Ciel de
 lit. *Plur.* Ciels de lit.

Sing. Œil du visage: *Plur.* Yeux. -- *Sing.* Œil de
 bœuf. *Plur.* Œils de bœuf.

Sing. Vitres , verre. -- *Plur.* des vitres. -- *Sing.*
 Vitres, fenêtres d'église. *Plur.* Vitraux.

3.º *Quelques noms ne prennent pas la marque*
du pluriel.

Ce sont les noms provenant des parties du discours
qui sont invariables, tels que : mais, pourquoi, comment, etc. Voy. 101 et ceux de même nature qui, provenant de l'italien ou du latin, ont passé sans altération

dans notre langue, tels sont : pater, ave, alleluia;
alinea, alibi, errata, inpromptu, infolio, à-parte, qui-
proquo, opera, numero et peu d'autres.

4.° *Pluriel des noms composés.*

On ne met la marque du pluriel qu'à celui des deux
mots qui, étant adjectif ou nom, indique la pluralité,
et on la met aux deux mots, si touts deux sont adjectifs ou noms, et indiquent la pluralité.

Pour s'assurer si cette double condition est rem-
plie, il faut décomposer le nom ainsi qu'il suit.

Arc-en-ciel, signifie *un arc dans le ciel.* Ainsi on
écrira des arcs en ciel, et non *ciels* ni *cieux.*

Passe-port est composé de *passe* qui est un verbe, et
de *port* qui est un nom; ainsi on écrira des *passe-
ports.*

Coup d'œil est composé de deux noms; mais comme
on ne dit pas des *coups de yeux*, on écrira des *coups-
d'œil.*

On peut s'exercer sur les exemples suivants.

abat-vents.	chape-chutes.	couvre-pieds.
arcs-en-ciel, (le s.	chasse-marées.	crocs-en-jambes.
ne se pron. pas.)	chasse-cousins.	(le s ne se pr. pas).
arrière-petit-fils.	chats-huans.	culs-de-sacs.
arrière-pensées.	chats-pard.	cure-dents.
aurores boréales.	chausse-pieds.	dames-jeanne.
basses-cours.	chausse trapes.	demi-lunes.
becs-de-corbin.	chauves-souris.	eaux-de-vie.
belles-de-nuit.	chefs-d'œuvres.	entre-lignes.
belles-filles.	chefs-lieux.	garde-côtes.
belles-mères.	chênes-verds.	garde-magasins.
biens-fonds.	chiens-marins.	gardes-mines.
blancs-becs.	choux-pille.	gâte-métiers.
blancs-seings.	ciels de lit.	gorges-chaudes.
boute-feux,	claires-voies.	gorge-de-pigeons.
bouts-rimés.	co-héritiers.	hauts-de-chausse.
brèches-dents.	contre-allées.	hautes-contre.
brises-cous.	coqs-à-l'âne. (le s.	hautes-taille.
carêmes-prenans.	ne se pron. pas).	mains-levées.
casse-noisettes,	coupe-jarêts.	mal-entendus.
cerfs-volants.	coups-d'œil.	pains-azymes.

passe-droits.
passe-ports.
perce-oreilles.
plates-bandes.
porte-crayons. ·
porte-faix.
porte-voix.

réveille-matins.
revenants-bon.
rouges-gorges.
serre-papiers.
serre-têtes.
souffre-douleurs.
sous-baux.

sous-ordres.
taille-douces.
têtes-à-têtes (le s,
ne se pron. pas).
tire-bouchons.
vice-consuls.

94. *Dictionnaire des raisons orthographiques.*

Je ne parlerai pas des mots dont il est facile de reconnaître la raison orthographique, tels que extr *ê* me extr *é* mité, chev *aux* chev *al*, tonn *eau* tonn *e* lier, et je renverrai au numero de la règle ceux qui ne pourroient pas s'expliquer par la raison de famille.

A.   A.

ab*a*isser   à b*a*s.
abc*è*s v. cés   c*e* ss*i*on.
abs*en*ce   abs*e n t*ant.
abstr*a*it   abstr*a*ction.
acari*â*tre,   voy. 5o.
ac*c*ent, 86 4.°, 59.
ac*c*ès,   voy. cés.
ac*c*ident, 86 4.°, 59.
ac*c*order   corde.
ac*é*rer ac*i*rer   a*c*re.
a*c*ide   a*c*re, ai*g*re.
a*c*ier   a*c*re.
acqu*ê*t   acqui*s*ition.
ac*c*quies*c*er 84, requies-
          c*a*nt in pace.
a*d*ition acceptation d'hoi-
          rie.
a*dd*i*t*ion sommes à ajou-
          ter, 44.
adole*s*cent qui croît à
          l'état d'adulte, 59.
adou*c*ir   édul*c*orer.
adult*è*re   adult*é* rin.
aff*a*ire   fa*ç*on.
aff*a*iser   fa*r*deau.

aga*c*er   â*c*re.
ag*e*nc*e*r agenç*a*nt, gen*t*il.
ag*e*nt   5g.
agglatiner ⎫ s'évrivent aussi
aggraver ⎭ par un seul G.
aff*lu e*nt   excep. 5g.
agn*e*au   agn*e*ler.
agio   malgré agioteur.
a*i*der, a*i*des   a *d*judant,
a*i*gre   *â*cre.
a*i*gle   a*q*uilin.
a*i*grette   plume en forme
          d'a*i*guille, v. ce mot.
a*i*guille,   a*c*ut pour aigu.
a*i*guiser,   a*c*ut pour aigu.
a*i*gn   a*c*ut (*géomèt.*)
a*i*le   a*l*erte.
a*i*lleurs   a*l*ibi
a*i*mant   a *m*ant (*du fer.*)
a*i*mer   a *m*e.
a*i*ne   côté   excep.
a*i*né   a *v*aut-né.
a*i*r   a *é*rer.
a*i*r a*i*n as *monnaie,* a*ra*-
          née *minéral.*

*a*ire *a*rène *terrè battue.*	
*a*is *a*sséner *frapper d'une*	
pièce de bois.	
*a*ise	avant *se.*
*a*isselle	*a*xilaire.
axill*a*ire	except.
*a*issieu	*a*xe.
aliéner	⎫
alerte	⎬ avec un
alinéa	⎬ seul L.
aleu	⎭
am*e*nde	am*e*ndant
aménité	⎫ avec un
amer	⎭ seul M.
amor*c e*	morc*e*au. voy.
	ce mot.
an*c ê*tres	an*t*éce*ss*eurs.
an*c*ien	an*t*ique.
*â*ne, *â*non.	asine, bête-
	a*s*ine.
annon*c e*	voy. 51.
anté*c*éd*ê*nt	antiq*u*e, 39.
anti*c*iper	*c*apture.
an*x*iété	ang*o*isse.
ao*û*t	augu*s*te.
anne*x*ion	anne*x*e
aplom*b*	plom*b*er.
ap*ô*tre	apo*s*tolat.
ap*o*ster	un seul *p.*
app*a*rtement	*p*artie.
app*a*s	qui attire les pa*s.*
	voy. ce mot.
app*â*ts	pâ*t*ure, v. ce mot.
app*é*tit	(*petit ad*, latin).
appl*au*dir	lou*a*nge, 212.º
app*r*éci*er*	pri*x*, v. ce
	mot.
â pre	a*s*périté.
ar*ai*gnée	ar*a*néeux.
ar*ai*re	ar*a*toire.
arbal*é*le	bali*s*te.
ar*c*	ar*ch*er.

arch avant un mot se pro-	
nonce *arc* avant *a, o, u.*	
arc, ar*ch*ange; et *arch* avant	
e, i, archiduc.	
ar*ç*ou	ar*c.*
ard*e*nt	ard*e*ur.
ar*é*te	exception.
arg*e*nt	arg*e*nt*a*nt.
aristocra*t*ie	aristocra*t*e.
arr*é*t	arre*s*tation.
a*rr*iver	*r*ive.
a*rr*oger	*r*oger, 21 6.º
a*rr*oser	*r*osée.
artifi*c*iel	artifi*c*e, 61.
a*rr*acher	*r*acine.
art*é*re	art*é*riel.
a*s*cension	esc*a*lade.
aspe*ct*	inspe*ct*er.
ass*ai*sonnement	s*a*ison
	avant *le* son *z.*
ass*au*t	sal*t*imbanque.
ass*em*bler	ass*em*bl*a*nt.
asssso*c i*er	excep.
astu*c e*	voy. 64.
astr*ing*e*n*t	astri*c*tion, 59.
*â*tre	final *ad* se *trahère.*
astr*e*indre	astr*eign*ant.
atrabil*a*ire	voy. 54.
atro*c e*	excep. 63.
att*e*indre	atteign*a*nt.
att*t*enter	*t*entant.
attr*a*it	attr*a*ction.
at*t*raper	*t*rape.
attribu*t*	attribu*t*if.
attri*t*ion	après *a, i, o, u,*
	c, p, 44.
*a*ube, *a*ubade, *a*lbâtre.	
aub*a*in, aub*a*ine, *a*ub*a*-	
niale, *a*libi d'*a*illeuis.	
*a*ubépine, épine, *a*lbâtre,	
épine blanche.	
*a*uberge	*a*lbergeage.

aucun à le pas un.	aussi à le si.
audace hardiesse, 60.	austère âpreté.
auditeur ouir, 21 2.°	autant à le tant.
auge alvéole.	autel altier, élevé.'
augmenter agrandissement	auteur accroître, ampli-
augure, aruspice, aspect.	fier:
aujourd'hui à le jourd'hui.	automne accroissement
aumelette mieux omelette	(de denrées).
oeufs mêlés.	autoriser voy. auteur.
aumone élémosinaire.	autour à le tour.
aumusse excep. 64.	autre alterner.
aune, aulne excep.	autrui voy. autre.
auparavant à le par avant.	auxiliaire adjudant, 54.'
auréole air d'or, air lu-	avancer avant avantage.
mineux, aéré.	avec avec eux, avec que.
auriculaire, mieux oricu-	avcindre aveignant.
laire à cause d'oreille.	avoine, aveine et avène.
aurore air d'or, voy. au-	aventure à venir.
réole (*).	axillaire 54.

B	B
babil babiller,	batême batistère, 54:
bac baquet.	baptistère ou baptistaire.
bâclé fermé avec des bâ-	barde au barder.
tons, voy. bâton.	baril barille.
badaud badaude.	baromètre mesure.
baillif baillive.	bât d'âne bâton, v. ce
bain baguères, balnéal	mot.
baiser avant le son ze.	bâtard basse bâtarde.
baisser bas.	bâtardeau bâtisse d'eau,
balan balancer, 59.	voy. ces mots.
balay balayer, 52, ai 4.°	bâtir bâtisse bastion.
balive au excep.	bâton bastonade.
baleine balénier.	baud sorte de chien, mot
ban bannal.	imitatif du cri du chien.
banc bancal.	baudet âne.
bandeau bande.	baudrier bande, 31.
baptême baptismal ou	bauge ou bouge, boutique.

(*) *Auréole, aurore*, les savants connoissent l'étymologie de ces mots, mais j'écris pour ceux qui ne savent ni latin ni grec.

h *a* ume   b *a* lsamique.

b *e* au   b *e* l , b *e* lle.

b *e* aucou *p* b *e* lle , co *p* i- eux.

bed *a* ine corrup. d'*abdo- men.*

bed *e* au   bedel (*vieux*).

b *é* ler , mot imitatif.

bénéfi *c i a* ire 62 , bénéfi- *c i a* l.

ben *i* n   ben *i* gne.

ber *ce* au ber *c* ail , ber- *c* er , 45.

besa *c* e   bissa *c.*

bes *a* igue   bis *a* cut.

b *é* te   be *s* tiaux.

beu *rr* e et non beu *r* e, parce que *eu* est ici plus bref que dans heure, 12 2.°

bi *a* iser avant le son *ze.*

bl *a* me   blas phémer.

blan *c*   blan *c* he.

blé me, p *a* le spas me.

blo *c*   blo *q* uer.

blut *e* au   blut *e* r.

b *o* eu *f*   b *ou v* ier.

boiss *e* au   boiss *e* lée.

bona *c* e   bon *t* é.

bona *ss* e 59 augmentatif.

bon *d*   bon *d* ir.

bon *h* eur bon heurt , bon rencontre.

bor *d*   bor *d* er.

bo *t* pied bo *t* bo *tt* e.

bouge ou bauge, maison, atelier, delà embaucher, débaucher, exception.

bour *g*   bour *g* ade.

bourge ois bourg *e* oisie.

bourr *e* au   bourr *e* ler.

bou *t*   bou *t* ure.

boy *a* ux pour voy *a* ux, ex.

br *a* ire br *a* iller br *a* mer.

br *a* nler   voy. 39.

br *a* ise   br *a* sier.

bra *s*   embra *ss* er.

brebi *s*-égarée (liaison).

brévi *a* ire   abrévi *a* teur.

bri *s* débri *s* bri *s* er.

bro *c* broq *u* et, bro *c* anter.

brui *t*   ébrui *t* er.

br *a* ler   combu *s* tion.

bru *t*   bru *t* e bru *t* al.

bu *e*   bu *e* r.

bui *s* boui *s* bui *ss* on.

bu *ll* e   excep. 72.

bur *e* au bur *e* ; étoffe dont on couvroit autrefois les tables à écrire.

bur *i* n   bur *i* ner.

bu *t* (le)   bu *t*-à-bu *t.*

bu *tt* e (la)   voy. 75.

C

caba *n* e un seul *n* excep.

cabo *t* age un seul *t* 15 3.°

cad *e* au cad *e* nas, *chaîne joyaux.*

cad *e* nc *e* cade nç ant.

ca *h* ier   voy. 5 1.°

c *a* isse   c *a* se.

ca *j* oler   et ca *g* eoler.

C

cal *c* iner   cal *c* aire.

cal *e* ndrier except.

cadr *a* n   quadr *a* ture.

cale *ç* on   cale *ch* e.

cali *c* e   cali *c* ule , petit calice.

ca *n* aille entre deux sons égaux , 14 3.°

cancer

càn c er , can c re.
canep i n canep i ner.
capara ç on ar c arçon , v. ces mots.
capit a ine capit a l , ca- pit an - bacha.
capri c e 62.
cap t ieux cap t er cap- t iver.
caract é re caract é riser.
car é me quadrag é s ime.
carp e au carp e.
carr e au carr e ler.
carri é re voy. 32 é.
car r osse cha r.
ca s ca s uel.
cath initial de mots étran- gers , 23 3.°
c a use occ a sion acc u ser.
c a ustique ch a le ur.
c a utère ch a leur cauté- risation.
c a u t ion g a rant.
c eder suc c eder.
c édille lettre qui la reçoit.
c cdule c arte , c ahier , c opie.
ce i ndre clôre, ceignaut.
c elèbre c onsidérable.
c éler re c éler c acher.
c éleri a c he.
c élérité ac c éléré.

Nota. aucun mot usuel ne commence par s élé , s éli , s élu, si ce n'est sel, saler, selle et scel.
c élihat a ire c haste, ex.
c ellier c ave.
c ellule c ase.
c endre c harbon , c alciner.

c ène ban qu et.
c énobite cène, v. ce mot.
c ens c apitation.
a ce nser, c apitation , a- cens a nt.
c ensure c ritique , après c.
c entre ex c entrique , 86 x.
c ep c oupe, chef (de la vigue).
c epe ndant pend a nt c ela.
c érat c ire , v. ce mot.
c ei cueil pour c hair cueil.
· (cueil est racine de cueil- lir).
c érémonie c ompliment , c outume.
c erf c hevreuil.
c erfeuil pour c hère feuille.
c erise g riotte.
c erner déc erner circu- laire, ou bien cir c uit, voy. 86.
c erneau , voy. cerner.
c ert a in c ertifier , c roire, chose c rue, c royance , quant à l'a c'est une exception.
c ès racine de dé c ès, pro- c ès , ac c ès , succ ès , ex c ès , voy. 86, c; x. delà
c essei et déc esser , ce dernier mot n'est pas français.
c eruse ch aux de plomb.
c erv e au c rane, cerv e lle.
c ession ac c éder.
c ésure c oupure.
c evoir et ses composés.

6

chacun   chaque un.
chaine   cadenas.
chair   charnel.
chaire }
chaise }   cathédrale.
chaland   voy. 39.
chalumeau   chalumet.
chamaillis   chamailler.
chambre   39, an.
chameau   camelot.
champ 39, champêtre.
champêtre   campestre.
chance   39 et 50.
chancelier   39, except.
chancir   39 et 46.
chandèle   chandelier.
chanfrein chanfreignant.
chanson malgré chanter.
chapelet   son bref.
charlatan charlatanisme.
charpentier charpentant.
chậsse   cercueil par op-
    position à chasse aux
    animaux, delà châssis,
    enchâsser.
châtain   castagnette,
    chataigne.
château   castel.
châtier chaste, rendre
    chaste, sage, docile,
    bon.
chatière   voy. 45.
châtrer   castration,
    chaste.
chaud chaleur chaude.
chaume   chalumeau
    (paille).
chausser   escarpin.
chauve   calvitie.
chaux   calcaire.
chenil   à remarquer (de
    chien).

chère   enchérir.
chetif   chetive.
chevau-léger cheval, plu-
    riel, chevau-légers.
chevreau chèvre (chevrot)
chez-un ami, voy. 31.
chicaner   un seul n.
chien   chienne.
chimère chimèrique.
choc   choquer.
choeur 23, choriste.
choix   choisir.
chômer   cesser.
chrême 23, chrismal.
christ 23, christianisme.
ci, ici,   çà çà, par
    decà.
ciboire   calice.
cicatrice couture, cutané
    cicatricule, (on écrit
    cicatriser.
ciel   concave.
cierge   cire, voy. ce mot.
cigale   chanteuse.
cigne oiseau, exception.
cil   cheveu crin.
ciller   cligner clignoter.
cilice cil crin, except.
cime   comble, faîte.
ciment chaux mélangée.
cimeterre   coutelas.
cimetière   couche (Fure-
    tière.)
cimier chef, tête.
cinéraire   voy. cendre,
    excep.
cingler   couper l'air.
cinq   quintuple.
circon et tout ce qui com-
    mence par circ ou circon.
circoncire   couper.
circonférence voy. 50.

circonspe*ct* circonspe*cte*.
ci*n*cons*t*a nce voy. 5o.
circui*t* circui*t* ion.
cire *c*olle g lu g luten
        g omme.
cir*que* cir*c*ulaire.
cise au *c*ouper cise ler.
cité *c*astel ch âteau de là.
citoyen, *c*itadelle, *c*ivil,
      *c*ivique.
citer ex*c*iter, 86, *x*.
*c*iterne ex*c*avation
*c*itron aig re a*c*ide, v.
      ces mots.
civière pour *ch*evière,
  *ch*evet (servoit autrefois
  à porter les morts).
*c*ivil voy. cité.
*c*iviq́ue *idem.*
clab*a*uder b*a*varder.
claie cla ir voy. ce mot.
cla ir cla *i*té.
cl*a*ndest*i*n 5g, clandes-
      ti ne.
clau se conclu sion, 21 2°
cl*a*ustral cla quemurer.
cla*v*e au clav*e* lé.
cle*f* cla*v*icule, cla*v*ier
      encla*v*er.
clém*e*nt sans verbe, 5g.
cler*c* cléri*c*ature.
cli*e*nt sans verbe, 5g.
clima*t* acclima*t*er.
cl*i*n cl*i*guer.
cl*i*nquan*t* cl*i*que*t*is,
  de là clinquaille, clin-
  calier.
  clo*i*trer clau*s*tral.
cló re cloi *s*on.
clou clouer, malgré clou-
      tier.
clis*t*ère clist ériser.

coco malgré coco*t* ier.
c*o* eur co rdial.
coer*c*itif con *t*rainte.
co*h* o*i*te voy. 5 4.°
co *h* ue *idem.*
coi*n* cog*n* er.
co*i*n*c*ider *c*ouper.
col*è* re col *é*rique.
co *ll* e co *ll* er, son bref,
              12.
co *ll*ine co *l.*
color *i*s color *er*, 33.
combi*na* ison combi*n a ble.*
comm *e* nsurable m *e* surer.
commer*c* er mer*c* antile.
comi*c* es comi*t* é.
comm*i s* commi *ss* ion, 14.
compa *c* ité compa *ct.*
compa *ss* ion voy. 44.
compe *n*ser compens *a*nt
        et p*e* ser.
compét*e*nt voy. 5g, ent.
compr*e*ndre compr*é* hen-
            sion.
com*p* ter com*p* uter.
co *m* te co *m*ices, co *m*-
        pagnon.
con *c* ert con *c*ordant con-
         cer *t* er.
con cevoir voy. *c*evoir.
con *c* ile con *c*lave con-
         cordat.
con *c* ilier ac *c*order.
concour*s* cour*s* e, voy.
         secours.
concupis*c* ence qui *c*roît
  en desirs, voy. 86, *sc.*
concurr*e*nt v. 5g, *ent.*
concurren*c* e concurren*t*e.
conda*m*ner do*mm* age,
        inde *m* niser.
confér *e* nce voy. 5o.

confident voy. 39.
confrairie confraternité.
conflit débat afflictif.
congé voy. 80.
congrès voy. grès.
conjugaison conjugable.
connexe, annexe complexe.
connivence voy. 39.
conquêt acquisition
conquête acquisition.
conscience voy. science.
conscrit conscription, 44.
conséquence ensuite de.. 39.
considérer astre examiner.
consigner désigner.
consister, résister.
consort sortable.
constant 39, ant.
consulaire consulat.
contact contagieux, tâter.
contemporain 39 3° contemporanéité.
content contentant.
contentieux contendant contentif.
continent voy. 39, ent.
contraindre contrarier.
contraire idem.
contredit contredite.
copeau coupe.
coq coque, coquet coquette.

coraux corail.
corbeau corbillat, 212°
corps corpuscule, corset.
côte, côté acoster.
coter noter avec un seul t.
couchis coucher, 33.
coulis couler, 33.
couloir couler, 59.
coup couper.
couroux couroucer.
cours course.
cout couter (sans accent, Restaut).
coutil ou coutis.
craie crayonner.
craindre exception, 40.
crâne et mieux crane.
crême écrémer.
crête crété.
creux creuser.
cri crier.
cric mot imitatif.
croc crochet.
croître croissant.
croix croiser.
croquis croquer.
croûte croustiller.
cruauté cruel, 21 5.°
crucifix croix, v. ce mot.
cueillir cueillir.
cuillère cuillerée.
cuir cuirasse.
cuire 27 5.°
cul culotte.

D

D'abord aborder.
daigner digne, 21 2.°
daim chamois.

D

dais pour d'ais fait de planches, voy. ais.
damner indemnité.

dan*s* une heure*,* (liaison).   désorm*ais* désorm*ais*-

da nse   voy. 5o.   on dira. . . . avant le

dar *d*   dar *d* er.   son *ze* (par liaison).

déb*a*ucher voy. bauge.   dess *e*in   projet } c'est

débl *a* i   débl *a* yer.   dessin   dessiner } abusive-

debou *t*   bou *t* ure.   ment qu'on écrit dess *e*in

débri*s*   bri *s* er.   parce que l'un et l'autre

dé *c* embre   dé *c* adaire.   ont la même origine; des-

dé *c* ent   dé *c* orer.   sin signifie projet plan, et

dé *c* ider   con *c* lure.   un plan est un dessin.

déd *a* in   d *a* igner , v. ce   dessiller et mieux dé *c* iller

         mot.   de *c* il (ouvrir les yeux).

ded *a* ns   voy. dans.   dessou*s* sou *s*-un arbre.

dédica *c* e   dédica *t* oire.   dessu*s* en su*s*, par dessu *s*-

dédi *t*   dédi *t* e.   un cheval.

dée ss *e*   6r.   déte *n t* ion détend *a* nt dé-

déf *a* ut   f *a* illir.   ten *t* e.

déf*en s* e   défend *a* nt.   détor*s*   entor *s* e.

défér *en* ce   voy. 5o.   deu *x* deu *x* ième.

défon *c* er   voy. 5r.   dévancier   voy. devan *t*.

dég*á* t g*á* ter, v. ce mot.   devan *t*   avan *t* age.

de *h* ors v. 5 4.*e* et hor*s*.   dévou *e* ment et devo *ú* -

dél *a* i dil *a* yer, re *t* ard.   ment, dévouer, 5 4.º

dél *a* yer   dél *a* ver.   diad *e* me   diad *e* mé.

délic*e*s   déle *c* ter.   diam *a* nt aim *a* nt le jour.

déli *t*   déla *t* eur.   un différen *d* , except.

dem *a* in   m *a* tin.   differ *e* nce voy. 5o.

dén *i*   ren *i* er.   diffi cile diffi *c* ulté.

deni *er*   voy. 3r.   dilig *e* nt voy. 3g, *ent.*

d *e* nrées   d *e* nier (fure-   d *í* me di *x* ième dis *a* ine.

          tière).   dim *e* nsion   m *e* sure.

de *n* se   voy. 5o.   dio *c* èse dio *c* é sain , excep.

de *n* t   édent *a* nt.   dioces *a* in , excep. 4o.

dép *é* cer   pi *è* ce. voy. 45.   di *s* cerner   di *s* crétion.

dépe *n* se   dépens *a* nt.   di *s* ciple   s *c* olaire.

dép *ó* t   dép *o* sitaire.   discour*s*   course , voy.

déposit *a* ire.   voy. 54.   cours et secours.

depui *s*-un an (liaison).   discré *t* ion   discr *è* t e.

derri *è* re   arri *é* ré.   disp *e* nser , p *e* sant dispen-

d *és*   d *és* ormais.   sa *n* t.

de *sc* endre   e *sc* alier.   distin *ct*   distin *c* tif.

désor *t* ion   deser *t* e.   distr *a* ire   distr *a* ction.

district restrictif.
divorce divertir, éloigner.
dix disaine, décadaie.
docile doctrine, (*doctu facilis*).
doigt digital.
doloire (une) doler excep. 59.
domaine domanial.
domicile domestique.
domter dominer.

donc allez donc- à la poste, (*liaison*).
dont voilà ce dont-on parle (*liaison*).
douceur édulcorer
douze voy. 66.
dressoir dresser, 59.
duc duché.
duplicité duplicata.
durcir dureté.
duvet duveteux.

E

eau niveler, v. ce mot.
ébahir voy. 5 4.°
s'ébaudir s'ébattre.
ébaubi ébahir.
ébaucher, except.
ébullition bouillir, 44.
ecalle ou écale, coquille.
échafaud catafalque echafauder.
échalas échalasser.
échec échiquier.
écho voy. 23.
éclair clarté.
éclaircir clarté.
écolatre scolastique.
écorce écorcher.
écot cotiser
écouter acoustique.
écrivain écrivassier.
écu sans s malgré écusson.
éfacer figure.
effervescence qui a cru en ferveur, en chaleur, 86.
effet sans c malgré effectif.
éflorescence, qui a cru en fleurs, v. 86, sc.

E

efforcer forte.
effort fortifier.
éfrayer frayer.
éfourceau fourche.
égard regarder.
égout égoutter.
égrainer granit, v. grain.
elasticité élastique.
élegance élégante.
élémentaire élémentatif.
eléphant 23, éléphantique.
elle il.
embaucher débaucher, voy. bauge.
embrasser bras, voy. ce mot.
embûche embuscade.
émeraude autrefois smaragde.
émissaire commissariat.
emmener mener de...
empan pour en pan, ouverture des doigts écartés.
empaumer, 59 en palme de la main.
empereur impératrice.
emplâtre (*ad se trahere*).
empreinte impreignant.
encan enchère, mettre la cherté dans.

*e*nceinte , qui clôt de dans , enclos en-ceign*n*ant.
*e*ncens , *i*ncendier , en-cen*s*ant encen*s*er , v. cendre.
*e*nclin *i*ncliner.
*e*ncre écrire.
endêver pour *e*ndiabler.
e*n*droi*t*, excep. droi*t*ure.
*e*nfançon , exc. enfan*t*in.
*e*nfer *i*nférieur.
*e*nfr*e*indre , rompre dans , étr*é*né.
*e*ng*e*ance , *d* remarquer.
*e*ng*e*ndrer , mettre *e*n génération.
*e*ngin *i*ngingance , en-*gi*ner.
*e*ngr*a*is qui fait gr*a*s dans la terre.
*e*ngr*e*ner pour engr*ai*-ner , mettre le grain dans . . .
enj*a*uler pour enj*a*ler.
enjoler et engeoler , *à* re-marquer.
*e*nnemi *i*nimitié.
*e*nnui . ce qui nuit *i*nté-rieurement.
*e*nqu*é*te *i*nqui*s*ition.
*e*nr*ô*ler pour enr*ou*ler , voy. rôle.
*e*ns*e*igner initier *dan*s les s*i*gnes.
*e*ns*e*mble , 39, s*i*mi-litude.
*e*nsor*ce*ler , 39 , sor*t*i-lège.
*e*nter *i*ntérieur , voy. entre.
entier *i*ntégral.

*e*ntre *i*ntérieur.
*e*ntremé*t*, voy. entre , come*s*tible.
entrep*ô*t dépo*s*it*a*ire.
*e*nver*s* *i*nver*s*ion.
*e*nvironner *i*nvestir.
*e*nvoyer , mettre *dan*s la voie.
ép*a*is opa*que.
épa*n*dre ép*a*rpiller.
épar*s* épar*s*e.
épar*t* part*i*e , (*traverse pour réunir deux parties*).
ép*a*ule scap*u*laire , 212.
ép*i* ép*i*er.
épi*ce* , voy. 62.
épilep*s*ie malgré épilep-*t*ique.
ép*î*tre ép*is*tolaire.
épouvantable , 39 *an*.
épou*x* épou*s*e.
équateur , prononcez ékoua. avant *a*.
équestre , prononcez ékes.
équilibre , prononcez ékili avant *e*, *i*.
équino*x*e no*ct*urne.
ergo (latin , delà ergo*t*er , disputer , et non pas de ergot qui signifie *ongle*.
e*sci*en*t*, con*sci*ence , *sci*ence , voy. ce der-nier mot , 86, *sc* et 39 *ent*.
espèce , voy. 61.
espa*ce* , voy. 60.
e*s*pri*t* spi*ri*t*uel.
èsquiss*e* , voy. 62.
ess*ai* , ess*a*yer , v. 32 *ai*.
ess*aim* , exc. essai*m*er.
essen*ce* , essen*t*iel , voy. 86 *t*.

esso r   esso r er.
essu yer su eur.
esto c esto c ade.
étan ç on , ata c her.
étan g sta g nant , étan-
               cher.
état stat uer..
étau ét al (table d'arti-
    san , delà étaler).
estamper après st v. 39.
étin ce lle sc intiller voy.
              ce mot.
étr anger extr a.
être ex is tence, v. ce mot.
étr ei ntes étr eig nant.
étre c ir étroi t e.
e unuque pron. unuque,
              23.
év e nt évent a nt.
év é que épi s copat.
évid c n c e , v. 39 , évi-
             den t e.
évin c er évi c tion.

exam e n exam i ner.
ex au cer ex a lter.
ex c éder , voy. 86 , x.
ex c eller , voy. 86 , x.
ex c epter , voy. 86 , x.
ex c ès , idem. voy. c ès.
ex c iter , idem.
ex e mple s i militude.
ex emp t er exemp t ant,
           rédemption.
exer c er , exception.
ex h aler , mot imitatif
           par h.
ex ha usser , 90, ex a lter.
ex h éréder , voy. h éri-
           tier , 90.
ex h orter , (à remarquer).
ex h umer , idem.
exor c iser sor t ilège.
exprè s expre ss ément.
exte nsion étend a nt.
extr a it extr a ction.

F

Fabri c ant fabri c ateur.
fabriq u ant fabriqu er.
fabri c ien fabriqu e.
fa c ade fa c e, v. ce mot.
fa c e t ie , exc. 48 ,
fa c ile diffi c ulté.
fa ç on fa c teur.
fac t ieux , voy. 87 , t.
fad a ise fad a sse.
f a im f am ine.
f a inéant fait né a nt.
f a ire f a cture f a çon.
f a i sc eau , f asc ine sc,
           à remarquer.
fa î te fa s te , grandeur.
f a i x f a rdeau fa sc ine.

F

falla ci eux , falsifi c ation.
famili é re malgré famili-
           a rité.
fant a isie ' fant a sque.
fant ô me fanta s magorie.
far c ir , exc v. 46.
fard e au fard e lier , porte-
           faix.
fa se ine , v. fai sc eau.
fa sc iner e sc amoter.
faubour g faux bourg , v.
           ces mots.
fau lx et f a ux , défal-
           q u er.
f a ufiler. filer à faux , voy.
           ce mot.

f a ut (il) f a lloir.
f a ute f a illir.
f a ux f a usse , f a ls ifier.
f a uve, voy. 34 avant *v*.
fé a ux , fé a l (fidèle).
fè ces fé c ales.
f e indre feig n ant.
féli c iter c omplimenter.
f e mme fé miuin.
f e ndre fend a nt.
fen é tre feue s tral.
f e r , 32 e f é rugineux.
ferm e ut ferment a nt.
ferremeut de ferrer.
féro c e , voy. 63.
fé te fe s tin.
fi an c er fi a nce. con-
fi a nt, de là
fianc ailles , voy. 50.
fi e nte fient a nt.
fi c eler c order.
filou sans *t* malgré filou-
t er.
fi *ls* fi *ll* e fils - unique ,
(liaison).
fin a nce, voy. 50.
fin a ud comme badaud ,
nig a ud.
fl a irer fl a tueux , (qui
sent le vent, l'odeur
de ce qui a passé).
fl a mbeau fl a mbe r.
flé a u , voy. 34, fl a gel-
lation.
fl û te flu *x* ion (de fluer).
flu *x* fluxion (de fluer).
foi.
foie.
fois. } voy. 92.

folio sans *t* malgré fo-
lio *t* er.
fon c er il fon c e , v. 51.
fon d profon d eur.
fon *ds* fond a tion fou c iére,
voy. foncer et 51.
fon *ts* font aine (baptism).
font a ine font a nier et fon-
tenier font a nelle.
for a in , excep. (*foras lat*).
for ç at for c e *,* v. ce mot.
for c e fort e *,* delà forc ené.
for é t forest ier.
forf a it faire , voy. ce mot.
fou é t fu *s* tiger.
foug è re fouge r aie.
fourmi sans *l* malgré four-
millière.
fout e au fout e laie.
fr a i fr a yer.
fr a i s fraîche , un frais
agréable.
fr a i s dépens , fr a is-énor-
mes *,* 32 avant le son *ze*
(par liaison).
fr a ude frel a ter f a rder.
tr e in éfr é né.
fr è re , exception.
fre *t* fr é t er.
fro c défro q uer.
fron c er, voy. fron *t*.
fron *t* front al éfron t é.
fun è bre fun é railles.
fus a in fus a nt (de fuser).
fu *t* fu *t* aille.
fut a ine fut a nier.

G **G**

gach *is*   gach *er*, 33.
gag *eure* pour adoucir le
                  g.
g *ai*, g *ai*eté et g *ai*te,
                  g *a*votte.
g *a*in   g *a*guer.
g *a*rant   g *a*rer.
g *a*rçon (abusivem , parce
    qu'il vient de g *a*rs).
g *á*teau, corruption de pas-
    teau ou p *á*te, d'où p *as*-
    tille, p *as* tel, 21 1.°
g *á*ter, corruption de v *as*-
    ter, d'où dév *as* ter, 21
    1.°
g *a*uche, *exception*.
g *a*ufie   g *a*lifard.
g *a*re, g *a*rier, g *a*rette,
                  88.
gaz   g *a* zeux, 88.
gendarme, pour *gens d'ar-
                  mes*.
g *e*nc *i* ve   g *é* néra *t* eur
                  des dents.
g *e*ndre g *é*nérique, V.
                  gens.
gen *é* t   gen *es* trolle.
g *e*ns g *é*nération (cette
    famille est nombreuse
    et présente quelques
    mots detournés, tels que
    genre, génie, genèse,
    origine, géant, genisse,
    génitif, gentil (peuple)
    et autres que le maître
    indiquera au besoin.

g *e*olier ca *g* e (*furetière*).
germ *a* in   germ *a* nie.
ger *c* er, couper, ger *ç* ure.
ginge mbre g *i* ng *i* brine.
g *í* te   gi sant (*de gesir*,
                  delà *ci-git*.
gla *c* e, voy. 45 et 60. *exc*.
gla *ç* on, gla *c* er, gla *c* is,
                  43.
gl *a* ire clair de l'œuf, voy.
                  clair.
gl *a* ise   gla cer.
glut *e* n   glutineux.
gon *d*   dégon *d* er
go *ú* t.   dég *us* ter.
gra *c* e   gra *ti* fier.
grad *i* n   grad er.
gr *a* in gr *a* nuler gr *a* nit.
gram *e* n   gram *i* née.
grass *e* yer   grass *e*.
gratis (*on prononce le s*).
gi effe *excep*. mieux grêfe,
    depôt et *fente, entaille*.
gr *é* le, gre *s* il, gre *s* iller
gr *è* s gr *es* serie (vases de
                  grès).
grima *c* e, voy. 60.
gri *uc e r*   gri *gno t* er.
gru *e* au et gruau, gru er.
gu *é*   gu *é* able.
guère, guères, (peu).
gue *rr* e gue *rr* oyer, 54.
gu *é* tre   gu *é*.
guilloch *i* s   guilloch *er*,
                  53.

H **H**

habi *t* malgré habi *ll* er.
hal *e* ine   hal *e* ter.

hame au   m *e* nil, *vieux*.
hame *ç* on   mâ *c* her.

haras   harass ier.   et par corruption, doré-
har ce ler hart, corde.   navant.
hareng, 39. hareng ère.   h ô te, h ô tel, h os pita-
baut, al t ier, haut ain.   lité.
hér ault   hér ald ique.   hou x   houss ine.
h ô pital   h os pitalité.   huis, hui ss ier.
hors, de-hors en avant.

I

I

ici, ça et là.   indi c e   indi c ateur.
ide ntité   idée.   indi c ible   di c tioñ.
île   in s ulaire.   inefa c able, voy. éfa c er.
imm e nse   m e sure.   inep t ie   inep t e.
imminent (pressant) et   iner t ie   iner t e.
    éminent (élevé).   infle x ion   flé c hir.
imp a ir   p a reil.   ini t ial   en t rer.
impar ti al.   par ti.   inno c ent   à remarquer.
impli c ite   impli c ation.   inqui è te   inqui é ter.
imp ô t   impo s ition.   insa t iable   insa t urable.
impudi c ité impudi q ue.   insu et ins ç u, v. science.
in augurer auspice, voy.   inser t ion   en t er.
            augure.   int e nse   tend a nt.
incendie en c endres, v.   inter c epter   c apture.
    incendi a ire, excep.   intesta t   tes t ateur.
inc e ste   non c haste.   intér é t   intér e sser.
in c ident a c cident, 86.   inv e ntion   v e nir in-
    c. chûte, c as.   ven t if.
inc iser   c ouper.   invin c ible   vain c u.
in c iter ex c iter, 86 x.   iri s   arc-en-ciel iri s é.
inco h ére nt, 5, 1.°, sans   iras c ible qui c roît en
    verbe.   colère, 86 5.•

J

J

jabo t   jabo tt er.   j e t, j a illir, j e ter.
jadi s (prononcez le s.)   j e u   j o uer.
j a is   j a yet.   j e udi   j u piter.
jam ais-on ne sera...32 d'ac-   jeu n voy. jeûne, abstin.
    cord avec la règle de   j e une   j o uvence.
    liaison.   Ces quatre mots doivent
j a uge, j a le, j a te.   s'écrire par j avant une
j a une, exception.   voyelle douce, parce

qu'il est nécessaire dans
les autres mots de la
famille, avant des voyel-
les dures.

je *a* ne, pour le distinguer
du précédent (absti-
nence).

jon *c*   jon *c* her.

jou *g*   subju *g* uer.
jouv *e* nc *e* au, juv *e* nal,
             jouv *e* nce, 5o.
judi *c* i *a* ire judi *ca* teur.
jum *e* nt , 39 *ent.*
ju *s* malgré ju *t* eux.
justi *c* e   adjudi *c* ataire.

L

L

lacer ,   la *c* s , la *c* et.
la *c* érer   dé *c* hirer.
l *a* che   la *x* atif.
l *a* i   l *a* ïque.
l *a* id, l *a* d re, lai *d* e.
l *a* ine   l *a* nugineux.
l *a* isser   l *a* cher.
l *a* it   lactée *,* (voie).
la iton   excep.
lamb *e* au lamb *e* l, (bri-
  sure).
lan *c* e   voy. 5o
langu *e* yer   langu *e.*
lapid *a* ire   lapid *a* tion.
lar *c* in,   excep.
las *c* if   lu *x* ure.
lavi *s*   lav *e* r, 33.
lavo *i* r   lav *e* r , 58.
le *c* on   le *c* ture.
l *e* ndem *a* in pour *le en*
             demain.
l *e* nde ou l *e* nte, de pou.
             excep.
lé se   lé ser.
lev *a* in   lev *a* nt.

li *a* ison, li *a* nt, alli *a* g e.
li *c* e   ly *c* ée, excep.
li *c* ence ⎧ du latin *licet* il
li *c* ite   ⎩ est permis.
lierre excep. voy 54.
lila *s* , malgré lilia *c* ée.
lima *ç* on lima *c* e , 43 et
                    6o.
l *i* n   l *i* nière.
lin *c* euil   ling *e.*
l *i* nge l *i* n, voy. ce mot.
livr *a* ison   livr *a* nt.
loqua *c* ité   élo *c* ution.
lor *s* alor *s* -on étudie (liai-
                    son).
loup , lu *p* ercales, lou *v* e.
lu *c* ide   lu *c* arne.
lumin *a* ire illumin *a* tion.
lun *a* ire   lun *a* tique.
lup *i* n   lup *i* mière.
lu *t*   lu *t* er (avec de la
                    terre).
lu *tt* e lu *tt* er *, combattre.*
lut *h* , instrument, lut *h* ier.
lyre, instrument, voy. 55.

M

M

mac *é* rer   mai *g* re.
m *â* cher   mas *t* ication.
maçon   m *a* chine.
maj *e* sté   major.
m *ai* , *mains* , latin.

mais-il est juste (liaison
                    32.
m *a* igre   m *a* cerer.
m *a* in   m *a* nuel.
m *a* intenant m *a* in tenant.

m *a* ison m *a* sure. mét *a* irie mét *a* yer.
M *aî* tre m *a* gi *s* trat. m *é* re comm *é* rage.
m *a* ire m *a* gistrat. m *é* tre m *é* trique.
m *â* le ma *s* culin. m *é* ts come *st* ible.
maléfi *c* e malfai *t* eur. mi *a* uler, mi *a* ou (imi-
mali *c* e mali *g* nité. tatif (1).
manant (exception). migr *a* ine mi-cr *a* ne.
manche, 39 *an.* mi *l* mi *ll* et.
m *a* nda *t* , 39 *an.* manda- milli *a* ire, milli *a* sse mil-
taire. li *a* re.
man *o* euvre, op *é* rer o u- m *i* nc *e* m *i* nia *t* ure.
vrage. min *a* uder mign *a* rder.
mant *e* au mant *e* let. miner *a* i minér *a* l.
marr *a* ine mar *â* tre. minu *t* ie minu *t* er.
mar *a* is, malgré mar *é* cage. mit *a* ine, exception.
marc mar *q* ue. m *o* euf m *o* de.
mars, malgré martial. m *o* eurs m *o* rale, pro-
mâtin par distinction de..... noncez le *s.*
mat *i* n mat *i* nal. moin *s*-un quart (liaison).
matri *c* e matri *c* ule. mois mes *ure* (du temps).
m *a* ussade m *a* lice. mon *c* eau, mon *t* agne, a-
ma uv *a* is, m *a* lversation, mon *c* eler.
mauv *a* ise. mond *a* in mond *a* nité.
m *a* uve malv *a* cée. mo *n* sieur, mon, sieur,
m *a* ure, mieux m *o* re. si r e.
méde *c* iu médi *c* al. morce au, mo *r* tifier,
mé ler, mi *x* tion, mi *sci*- morce ler.
ble. mors, mors ure.
m *e* mbre démembr *a* nt. mortu *a* ire, voy. 54.
mena *ç* er mena *ç* ant. mo *t*, mo *t* et, mo *t* iver.
m *e* ndier mendi *a* nt. mo *û* t mou *ss* eux.
m *e* ntion excep. men *t* al. mûr, par distinction de
me nton, exception. mur *muraille.*
mer *c* ier mer *c* antile. m *û* re, fruit du m*û*rier.
merra *i* n malgré merr *i*- (exception).
ner, 21 2.° musar *a* igne, ar *a* néo-
mer *ci* gra *t* itude. logie.

---

(1) Dans toutes les langues étrangères on prononce v *ou;* nous seuls le prononçons v.

N. N.

nacelle nautille. Voy. ce mot.

nain nabot.

naître, natal, naissance.

narration narrateur.

naufrage
naulage }naviguer.
nautile.
nautonier.

néant 39 anéantir.

nécessaire, excep. utile.

négoce, voy. 63.

nerf nerveux.

nez nazillard.

niais niaise, 32 ai.

nid nidoreux.

niveau niveler (mettre égal à l'eau, uni avec l'eau).

noce nuptial. 44.

noeud nouer excep.

noircir noirâtre.

noix noisette.

nombril ombilical.

nolis noliser.

nomenclature nominal.

nonce voy 51 notice.

nord nordester.

notice notification.

nôtre *pronom* pour le distinguer de notre *article*.

nourice nouriture, abusiv.

nourrir, nourriture.

novice nouveaute.

noyau noyalière.

nuance nuer, nuaut

nu, nue, malgré nudité.

nâment pour nuement.

numéraire numérateur.

numéro malgré numéroter.

O. O.

obédience }
obéissance } obéissante.

objet jaillir v. jet.

obscène, obscur, obscénité (qu'on réserve pour l'obscurité).

obscurcir obscuité.

océan à remarquer.

occident. cas chute 86

occire couper.

oeil, oeillet, oculiste.

oeuf ovale.

oeuvre, ouvrage, opération.

office voy. 62

oiseau oiseleur.

olivaire olivâtre.

once voyez 51.

onze, 88.

onguent, 39 *ent.*

opiniâtre, (*opinionem ad se trahere*).

opium, voy. 23 3.°

oraison oratoire.

originaire original.

orient orientant.

c.os, osseux, ossements

osciller, vasciller, chanceler.

ours oursin.

oût et août; auguste.

outil outiller, on écrit oûtil ustencile.

outrance, outrant d'outrer.

ovaire ovale.

P.   P.

pa *c* ifier   pai *x*.
p *a* in   p *a* nade.
p *a* ir   p *a* reil.
p *a* iss *e* au exc. paiss *e* ler.
p *aî* tre   p *as* teur.
pai *x*   pac *i* fier.
pal *a* i *s*, pal *a* tal, palai *s*
    orné, (*liaison v.* 52 *ai*).
p *â* le ⎫
p *â* mer ⎬ spa *s* me.
pan *a* is   pasten *a* de.
p *â* ques · · pas *c* al.
paradi *s*   exception.
par *c*   par *c* age.
par *e* nt   59.
par *aî* tre   parai *ss* ant.
parr *a* in   mar *a* ine. voy.
    ce mot.
par *t* ial   par *t* i.
part iel   par *t* ie.
partou *t*   tou *t* e.
pa *s*   pa *ss* er.
p *â* te ⎫
p *â* té ⎬ pa *s* tille.
pate nte   patent *a* nt.
pat i e nce, pâ *t* ir, patien-
    ta nt.
p *â* tir   impa *ss* ible.
patoi *s*   patoi *s* er.
p *â* tre   pa *s* teur.
p *a* ume   p *a* lme.
p *a* upière   p *a* lpiter.
p *a* use,   except.
p *a* uvre,   except.
pavoi *s*   pavoi *s* er.
p *é* cher   p *é* cable.
p *é* cher   poi *ss* on.
pécuni *a* ire,   except.
péd *a* n *t*   ped *a* gogue.
p *e* igne   peig *n* ant.
pe ndule   pend *a* nt.

pe nser   pe ser.
pe nsion   depens *a* nt.
p *e* nte   pench *a* nt.
pe ntec *ô* te,   excep.
per *c* er   pert uis.
p *è* re   compérage.
perp *e* ndìcul *a* ire   pend *a* nt.
permi *ss* ion,   voy. 44.
persi *l*   persi *ll* er.
per *t* ui *s*   pertui *s* er.
petar *d*   petara *d* e.
pétul *e* nt, 59 *ent*.
pharma *c* ie   pharma *c* opée.
pi *c*   pi *q* uer.
piè *c* e   dépé *c* er, voy. 45.
pie *d*   pie *d* estal.
pie *u* sans *x* unisyllabe.
pi *g* eon   *c* olombe.
p *i* n   sap *i* nière.
pin *c* er   pi *q* ûre.
pin *c* eau   pei *g* nant.
pin *ç* on   pin *c* er, voy. ce
    mot.
piq *û* re pour prononcer l'*u*,
    qui est ordinairement in-
    séparable de *q*.
pi *s*   pi *ss* er.
p *i* s, p *i* re, le p *i* s-aller.
pisc ine   pê *c* heur.
pit *a* nce   pitanç *a* nt, **ex.**
pla *c* er, pla *q* uer, lo *c* al.
plafon *d*, fon *d*, pla *t*, **on**
    dit cependant *plafonner.*
pl *a* i *d*, pl *a* cet, pl *a* i *d* er.
pl *a* ie,   except.
pl *a* ine, pl *a* n, uni.
pl *a* indre, plai *g* nant, exc.
pla ire ⎫ placet (mot la-
pl *a* isir ⎬ tin qui signifie
pl *a* isant ⎭ il plaît.
pl *a* n *t*, plant *a* nt, except.

pl *a* usible, ~ except.
pl *e* in , pl *é* nitude.
pl *i* pl *i* er.
pli *s* pli *ss* er.
plom *b* plom *b* er.
plú part la plu *s* prande par *t* ie.
plurie *l* plura *l* ité *abusiv.* plurier.
plu *s* plu *s* ieurs.
plut *ó* t par opposition à ot bref.
po *é* me po *e* tique.
poi *ds ,* prépon *d* érance, pe *s* er.
poin *ç* on , poin *t* e.
poin *g* poi *g* née.
poi *s* pe *s* ette.
poi *x* poi *ss* er.
poli *c* e poli *t* ique.
pou *c* er, voy. 51.
pon *t* pon *t* onner.
popula *c* e popula *t* ion.
popul *a* ire popul *a* riser.
porcel *a* ine porcela nisé.
por *c* por *c* her
por *t* ion par *t* age.
pou *c* e voy. 65.
poul *i* n poul *i* che (abus, poul *a* in).
pou *ls* pu *ls* ation.
pourt *a* nt t *a* n *t* et plus.
pr *a* irie, pré *a* u , voy. ce mot.
pré *a* u , pré, pr *a* irie.
préc *a* ution g *a* rant, v. caution.
préc éd *e* nt, voy. c éder et 39 *ent.*
pré *c* epte prê *c* her.
pré *c* ipice, *c* hef, préci-

pi *t* er (*se jeter la tête la première*).
pr *é* cher pré dication abusiv. pr *é* cher.
précoc *e* voy. 63.
prédé *c* esseur, voy. *c* éder.
prefa *c* e voy. face.
préfi *x* préfi *x* ion.
préfet malgré préfe *c* ture.
préjudi *c* e , judi *c* ature.
prémi *c* es primi *t* if.
pr *e* ndre pr *e* nant.
prépu *c* e, voy. 64.
pr *è* s pr *é* sent.
prés *ci* ence, voy. science.
prés ent présent *a* nt.
prê *t* pres tation.
pr *i* n *c* e, pr *i* mitif, pre- mier.
pr *i* ntem *s* pr *i* meur, (au- trefois primtems.
priv *a* uté priv *a* nce.
pri *x* pré *c* ieux.
pro *c* ès
pro *c* éder } pro *c* ureur.
pro *c* essif
procha *i* n prox *i* mité, 2 t.
progrè *s.* progre *ss* if.
prom *pt* inprom *pt* u.
pr *ó* ne et pro ne.
propi *c* e propi *t* iatoire 44.
prov *i* n prov *i* gner.
prud *e* nt prud *e.*
ps *a* ume
ps *a* utier. } ps *a* lmodier.
puc *e* pi *q* uer.
pu *c* e au. exc. puc *e* lle.
pui *ts* , put éale, pui *s* er.
punai *s* punai se, 52 *ai.*
pu *s* pu *s* tule.

Q.

Q.

quadra *t*   quadra *t* ure
   prononc. (koua).
quarré,-rreau ,-rrément , -
   rrure, voy. carré, car-
   reau, etc.(prononç.kar-
   ré , etc.)
quatre , tout ce qui tient

Q.

au nombre quatre s'écrit
   par *qu*.
qu *é* te   que *s* tionner.
quin *t* quin *t* uple (kuintu-
   ple) quin *t* al (kintal).
quin *z* e quin *z* ième. voy.
quo *ti* ent   quo *ti* té.

R.

rab *a* isser   rab *a* ttre.
rac *e*   généra *t* eur.
rac *i* ne   arra cher.
rad *e* au   rad *e* r.
racour *c* ir   écour *t* er.
radou *c* ir   édul *c* orer.
rago *ût* dégu *st* er v. go *ût*.
r *a* ie   r *a* yer.
r *a* ins   r *a* meau.
r *a* isin   r *a* tafia, avant *ze*.
r *a* ison   r *a* tionel.
ram *e* au   ram *é* e.
ran *c* e ran *c* ir, voy. 5o et
     46.
ran çon   ra *c* heter.
rapa *c* e   rap *t*.
rap *t*   cap *t* ure.
ra *s*, ra *s* e, ra *s* er.
rateau, rate *l* er, rat *e* lier.
rav *a* uder, r *a* valer , (dé-
    priser).
ravi *n*   rav *i* ne.
rebour *s*   rebrou *ss* er.
rec eler   c acher.
recevoir   ac *c* epter.
r *é* che, qui arr *é* te , ar-
   r *es* tation.
réc idive · re *c* hute.
ré *c* iproque ,   changer ,
    tro *q* uer.
ré citer   ra *c* onter.

recor *s*   except.
recour *s* , voy. secours.
recru *e* malgré recru *t* er.
à reculon *s* impératif de
     reculer.
red *e* mption à remarquer.
réfle *x* ion   réflé *c* hir.
reflu *x*   flu *x* ion , voy.
     flux.
reft *a* in , à remarquer.
reg *a* in   reg *a* gner.
règne   r *é* gner.
re *i* n   roignon à remar-
     quer.
r *e* ine   r *é* gner.
rel *a* i   rel *a* yer.
reliquaire reliqu *a* t.
reliqua *t*   reliqu *a* taire.
rembla *i*   rembl *a* yer.
re *m* ener   mener de nou-
     veau.
re *m* mener , remener d'où
     on étoit venu.
réminis *c* ence , voy. 86 *sc*.
remor *ds* mor *d* re mor *s* ure.
rempar *t* malgré se rempa-
     rer.
r *e* mpli   r *e* plier.
r *é* ne , bride , except.
renéga *t*   néga *t* if.
r *e* ntier rent *a* nt , 49 *ant.*

7.

rensemencer } V. les mots	r è ve réver (abusiv. rêve).
rentamer } simples, et	rev e ndiquer rev e nir sur
rentrer { pour d'au-	rev é ren d revéren d e ,
renvenimer) tres sembl.	3g en.
rep a ire p â ture.	rever s rever s ible.
repaître rep as, v. paître.	rés e au res e uil.
répa n dre ép a rpiller.	re t s pluriel ré t iculaire.
repa s , v. repaître et	rez-de-chaussée pour ra s.
paître.	V. ce mot.
répi t répi t é.	ri s ri s ible.
replé t ion reple t te.	ri t ri t uel.
repré hen sif , v. 5 4.°	ri s -au gras (liaison).
apréhend ant.	ro c ro c he.
requ ét e réqui s ition.	roide, prononcez r è de.
respec t respe c ter.	r ô le ro u leau.
resple n dir, voy. splen-	rom a in rom a ne (langue).
deur.	rom a nce rom a nesque.
ress e mbler si militude.	ronce, voy. 51.
ressor t ressor t ir.	rond e au rond e (danse).
rest a urer rét a blir.	ros a ire ros a sse.
restr ei ndre restrei g nant.	ros e au ros e lière.
rés u mption rés u mer.	ro t ro t er.
rét e ntion ret e nir.	r ô t , rou ss ir , r ô tir.
retor s retor s e.	rubi s (pierre) except.
retr a ite retr a ction.	ru e ru e lle.
rétré c ir étroi t e.	ruiss e au ruiss e ler.
rev a nche , voy. 3g an.	rut (ardeur des animaux).

S.   S.

Sabba t sabba t aire. V. 14.	san g sue san g vin.
sa c ensa c her.	san s -argent (liaison).
sa c erdotal sa c re.	sap i n sap i nière.
sacerdo c e sacerdo t al.	sa s sa ss er.
sacrifi c e sacrifi c ateur.	s a tiété sa t urer.
sagac ité goû t er. V. ce	sa uce s a ler, 63.
mot.	s a uf s a lut.
s a in s a nté.	s a umâtre.
s a int s a nctifier.	s a umure. } s a ler.
s a ison 5a ai.	s a upoudrer.)
sal a ison sal a ge.	s aur (hareng) s a veur.
saliv a ire saliv a tion.	s a uter s a ltimbanque.

sauvage salut, (sans-
doute ainsi nommés ,
parce que les premiers
qu'on vit se sauvèrent).
sauver salut.
scapulaire, voy. 54.
sceau scarifier sceller.
scélérat obscur.
scène obscur.
science scolaire.
scier couper.
scintiller obscurité ,
(briller dans l'obscu-
rité).
scission couper.
sculpter scalpel.
seau seille.
secours succur sale.
sécretion secréter.
sédentaire sédiment.
seigle et sègle.
seigneur sénateur , v.
52 , ei.
sein , voy. dessein.
seing enseigner.
semaine hebdomadaire.
semblable similitude.
sembler simulacre.
semence semer sémi-
nale.
semonce , 51 , admoni-
tion.
sens et sentir , sont de
la même famille et cha-
cun d'eux forme sa
branche orthographique
par rapport au s ou
au T.
sens sentir.
sensation sentiment.
sensé sentimental.

sensément sentence.
sensible sententieux.
sensuel senteur.
et leurs sentine.
dérivés sentinelle.
sept septembre.
septembre septième.
serein sérénité sérénade.
serf esclave servitude.
sergent sergentant.
serment assermentant.
serpent serpentant.
serie, voy. 54, de là serrer
serrure.
service servitude.
setier sixième partie.
septier septième partie.
siccité sec dessication.
silence , voy. 50.
simplicité compliquer.
sincère sans crime.
sirop siroper , (abus,
siroter).
systéme systématique ,
(abusiv. systéme).
six sixième sixte.
société } exceptions.
sociable }
sœur sororial.
soie soyeux.
solennel solennité.
solidaire solidarité.
soliveau solive.
sorcier sortilège.
souci soucier. voy. 47.
soul soulard , (abusiv.
saoûler et souler).
soufre et souffre (à bruler).
souhait , voy. 5 4.° excep.
soumission , voy. 44.
soupçon suspecter.

soup *e* nte suspend *a* nt.
sour *c* e sor *t* ir.
sour *c* il pour surcil, v. cil.
souri *s* ri *s* ée.
souri *s* malgré souri *c* eau.
sou *s* en sou *s* ordre (liaison.)
souver *a* in, voy. 40.
spécieux
spécial } espèce, v. ce mot.
spécifique }
spl *e* ndeur pl *é* nitude (de la lumière.)
statu *t* institu *t* ion, malgré statuer.
stip *e* ndi *a* ire dépend *a* nt, voy. 54.
stu *c* stu *c* ateur.
su *a* ire su *a* nt.
subsidi *a* ire, voy. 54.
succ eder, voy. céder.
succ ès, voy. cès.

suc *c* inct, voy. 86, suc cin *c* tement.
suj *et*, voy. jet suje*t* te.
sup ô t supo *s* ition.
superfi *c* ie fa *c* e, v. ce mot.
supr *ê* me supr *é* matie.
sûr assuré *û* distinctif de *sur* la table.
surpli *s* pli *s* er.
surs *a* ut sauter, voy. ce mot.
surtou *t* sur tou *t* es cho-ses.
su *s* dessu *s* su *s* pendre.
sus *c* eptible *c* apricieux, *c* aptieux.
sus *ci* ter ex *ci* ter, voy. 86, *c.*
suspe *c* t suspe *c* t er.
susp *e* n *s* suspend *a* nt suspen *s* oir.
suspi *c* ion suspe *c* ter.

T
T

taba *c* malgré tabatière.
t *â* che pour le distinguer de tache.
ta *ct* ta *ct* ique tou c her.
t aire t *a* citurne.
talent', voy. 39, *ent.*
tan c er, voy. 5o.
tan *t* et plus (liaison).
tapinoi *s*, à remarquer.
t *â* ter ta *s* tigoter.
à tâtons, impér. de tâter.
ta *ur* e *au*, exc. taur *e.*
t *aux* tax er.
t eigne avant *gne*, 52 *ei.*
teiller et tiller.
t *e* indre teig *n* ant, 52 *ei.*

téméraire, voy. 54.
tempe, à remarquer.
tem *ps* temp *o* ris er quel-que temps après (liaison.)
tena *c* e } voy. 59.
tena *c* ité }
t endan *c* e tend *a* nt.
t endre, exception.
t *e* nte tend *a* nt (toile tenduc).
terr *a* in terr *a* sse.
terr *e* in térestre.
terr c, voy. 54.
t *ê* t tes son.
t *ê* te tes tonner.
tier *c* e tier *c* er, v. 45.

tier*s* trois*iè*me.

tisseran*d* tisseran*d*erie.

toi*t* toi*t*ure.

torr*en*t, v. 39, *ent.*

*t*or*s* contor*s*ion.

t *t* tor*t*ure.

    in*s*tant (du latin *statim*).

toujour*s* tout*s* les jour*s.*

tour sans *n* malgré tour- ner.

, tourm*en*t tourmentant, 39, *en.*

tourno*i* tourno*y*er.

tra*c*e tra*c*er, voy. 45.

tra*h*ir, voy. 5 4.°

tra*i*ner attra*c*tion.

tra*i*t tra*c*er.

tra*i*ter contr*a*cter.

trajet, voy. *jet.*

TRANS sert à composer des mots et signifie *au delà.*

tran*sc*endant e*sc*alader.

transpar*en*t, v. 39, *ent.*

traver*s* traver*s*er.

tr*e*ille, *à remarquer.*

treilli*s* treilli*s*ser.

t*i*ei*z*e, voy. 88 et 66.

trépie*d*, voy. pied.

tr*en*te exce*p*tion.

trè*s* actif, (liaison).

tret*e*au trat*e*ler.

tribu famille, *à remar- quer.*

tribu *t* tribu *t*aire.

trid*en*t, voy. *dent.*

tron*ç*on tron*qu*er.

tro*p* heureux (liaison).

trouss*e*au trouss*e.*

t*i*ra*n* et tyra*n*, tyra*ni*- ser.

tuy*a*u tubulé, 21 2.°

U

ul*c*ère qui *c*roît en cha- leur.

u*s* u*s*age.

U

ust*e*nsile out*i*ller, voy. outil.

V

vacan*c*e vacant*e.*

va*cc*ine va*ch*e.

va*c*iller, voy. *c*il.

vaill*a*nce vaill*a*nt.

v*a*incre, exception.

v*a*iss*e*au v*a*se vais- selle.

vale*t* vale*t*age.

va*ll*ée va*ll*on va*ll*ée (duplicat.)

v*e*au vè*l*e vélot.

V

vé*h*icule, voy. 5 4.°

v*e*ine v*é*ner, marbre v*é*né.

velour*s*, exception.

v*e*ndange v*i*n.

v*e*ndre v*é*nal.

v*e*ndredi v*é*nus.

v*en*ger v*i*ndicatif.

ven*i*n vén*é*neux et ve- ni*m*eux, (à remarq.) cause du *n*).

vent ventant.
ventre éventrant.
ver vermiceau.
vérace vérité.
verdir malgré verte, voy. ce mot.
véracité véridique.
verglas malgré glace.
verjus jus vert, voy. ces mots.
vermicelle vermiculaire, quelques-uns prononcent abusivement vermichelle.
vermiceau vermiculaire vermicelle.
vernis vernisser.
verre, voy. 54.
verrou et verrouil verrouiller.
vers verser inverse.
vert verte et non pas verd.
vesce légume, except.
vêtir veste vestiaire.
vestiaire, voy. 54.
viande, voy. 39, an.
vicaire vicariat.
vice éviter.
vicissitude changement.
vidange, voy. 39.
vilain vilanelle village.
vieux homme (liaison).
vieillard, à remarquer.
vilenie pour vilanie, voy. vilain.
vin vigne.

vinaigre vin aigre, voy. ces mots.
vingt vigésimal vingtième.
violence violentant violente.
vipère vipéreau.
vipéreau vipère.
virus et virulent, à remarquer.
vis (une) visser prononcez le s.
vis-à-vis visage à visage.
viscère, exception.
vitraux vitrail vitrage.
vivace vivacité, v. 60.
vœu voter.
voie avoyer.
voilà vois là.
voix vocal invocation.
vociférer vocal.
volcan volcanique.
volet son bref, v. 124.
volontiers volontairement, le s est peut-être abusif.
vorace voracité, v. 60.
vôtre (le), par distinction de votre article.
voûte vestibule.
vrai véracité.
vraisemblable véracité similitude.
vulgaire, vulgate.
vulnéraire invulnérable.

95. PONCTUATION.

Le discours dénué de ponctuation
est un tableau sans ombre et sans expression.

Une idée est représentée par un mot ; un ou plusieurs mots représentent une pensée ; une ou plusieurs pensées sont représentées par une phrase.

Si la phrase est composée de plusieurs pensées dépendant l'une de l'autre, elle prend le nom de période, et chaque pensée prend le nom de phrase partielle ou de membre de phrase.

Il y a quatre sortes de phrases, savoir : la proposition ou phrase principale, la phrase *incidente* ou phrase qu'on peut enlever de la phrase principale sans en altérer le sens, la phrase *antécédente* et la phrase *conséquente* qui sont tellement liées l'une à l'autre, qu'elles peuvent changer de place mutuellement sans que le sens en soit altéré : l'une ne peut exister sans l'autre.

1.º *De la proposition.*

Une proposition se compose du sujet, (*voy.* 110 *et la note*), du verbe et de son complément ; elle peut contenir, cependant, touts les complémens résultant des questions. Voy. 112.

Exemple de la proposition.

Le fils de Dieu a racheté les hommes de la mort éternelle, en mourant sur une croix.

2.º *Exemple de la phrase incidente.*

Le fils de Dieu, QUOIQU'IL FÛT IMMORTEL ET PUR, *a racheté les hommes . . . . etc.*

3.° *Exemple de la phrase antécédente et de la phrase conséquente.*

Quoique le fils de Dieu fût immortel et pur, il a racheté. . . . . etc.

4.° La phrase conséquente peut précéder la phrase antécédente, et l'on peut dire, en donnant à la phrase conséquente le sujet de la phrase antécédente :

Le fils de Dieu a racheté . . . . etc., quoiqu'il fût immortel et pur. (Ce dérangement se nomme INVERSION).

On voit par ces exemples que les mêmes mots peuvent être tour-à-tour phrase incidente ou phrase antécédente, selon les vues de l'esprit et l'importance qu'on y attache. *Quoiqu'il fût immortel et pur,* comme phrase incidente, peut s'enlever sans altérer le sens de la phrase principale, et comme phrase antécédente, il fait l'idée principale. Dans le dernier exemple enfin, l'on voit que c'est précisément sur ces mots que la vue de l'esprit se dirige, et que c'est par inversion que les deux phrases se trouvent ainsi disposées.

96. *Emploi de la virgule (,).*

1.° Le sujet, le verbe, le complément direct, le complément indirect le plus prochain et ce qui en dépend ne sont séparés par aucune ponctuation (*).

Le complément indirect *à qui à quoi*, est plus prochain que celui résultant des questions *où, d'où,* et celui-ci est plus prochain que le complément final. Voy. 113, exemples.

- *Le fils de Dieu a racheté les hommes au prix de son sang.*
Le fils de Dieu s'est donné en sacrifice à son père.
Le fils de Dieu est mort sur le Calvaire.
Le fils de Dieu est mort l'an de Rome. . .

2.° Plusieurs sujets, plusieurs verbes au même mode ou au même temps, plusieurs compléments de même espèce, plusieurs phrases prépositives. Voy. 138 6°

(*) Le mot régi n'est jamais séparé du mot régissant.

Plusieurs adjectifs ou adverbes de suite se séparent par la virgule. Exemples.

Le plaisir, la santé, la richesse, deviennent des maux pour qui ne sait pas en user.

(Le verbe,) Il connaît le présent, pénètre l'avenir, fouille dans le passé, provoque le désir...

Je connais quelqu'un qui loue sans estimer, qui décide sans connaître, qui parle sans penser, qui contredit sans avoir d'opinion....

Cet enfant est vif, pénétrant, laborieux, toujours appliqué....

Dans le Ciel, sur la terre, en tous lieux on l'adore.

3.º Les mots *et, ou, ni, comme aussi, ainsi que* pris pour *et*, tiennent lieu de la virgule, voy. 7.º Exemples.

Le plaisir, la santé et la richesse, deviennent, etc.

Cet enfant est toujours vif, pénétrant ou laborieux.

Il ne veut point de pommes, pas de poires ni d'aucun fruit.

Il vend ses champs, ses prés, ses vignes comme aussi sa maison.

Pierre, Paul ainsi que Jean seront punis.

4.º On met la virgule à la place d'un ou de plusieurs mots qui, ayant été exprimés dans une ou deux phrases, sont omis ou sous-entendus dans les suivantes. Exemple.

L'homme modeste a tout à gagner et l'orgueilleux, tout à perdre, car la modestie a toujours affaire à la générosité et l'orgueil, à l'envie.

Après orgueilleux, la virgule remplace *a*, et après orgueil elle remplace *a toujours affaire*.

5.º Tout ce qui rompra l'union de la proposition, voy. 1.º, se mettra entre deux virgules.

Cette règle peut se servir d'exemple à elle-même; car *voy.* 1.º a rompu la proposition et s'en trouve séparé par deux virgules.

On connaîtra que la proposition est rompue quand, en faisant les questions selon l'ordre indiqué par 112, les réponses ne suivront pas le même ordre que les mots écrits et laisseront quelque chose en arrière.

C'est ce qui restera en arrière qu'il faut mettre entre deux virgules et qu'on nommera phrase incidente. Quelquefois cette phrase n'est qu'une inversion. Voy. 95, les exemples 2.°, 5.° et 4.°

6.° La phrase antécédente et la phrase conséquente sont séparées par la virgule, quelle que soit celle qui précède l'autre.

Il en est de même de deux termes de comparaison et des phrases qu'on peut transposer. Exemples.

Celui qui met un frein à la fureur des flots,
Sait aussi des méchants arrêter les complots.

La victoire fut d'autant plus glorieuse pour lui, que l'ennemi . . .

Le fruit meurt en naissant, dans son germe infecté, ou bien : *dans son germe infecté, le fruit meurt en naissant.* ·

7.° On mettra la virgule après toute phrase adverbiale, adjective, prépositive, conjonctive, ou autre qui précédera le sujet de la phrase principale. Exemples.

Enfin, nous jouirons des douceurs de la paix.
Dans une heure, nous partirons pour Versailles.
Quant à Monsieur, je ne le connais pas.
Habile à tout, il se fait rechercher.
Vous vous moquez, dit-il, en s'en allant.

8.°   *Réflexion sur le mot* ET.

Et qui tient lieu d'une virgule est une corruption du mot *est.* Le verbe *être* étant contenu dans touts les autres verbes, voy. 101, il s'en suit que la virgule est en remplacement d'un verbe. Tel est en effet son emploi primitif indiqué par 2.°, 5.° et 4.°

9.°   *Remarque sur la phrase incidente.*

La phrase incidente commence souvent par l'un des mots *qui, que, dont ;* elle a cela de commun avec beaucoup de phrases adjectives, voy. 158 4.° La

phrase incidente se met entre deux virgules , la
phrase adjective ne se separe pas de son sujet. On
les reconnaîtra aisément : l'une peut être enlevée de
la phrase sans en rompre le sens , et l'autre laisserait
un vide dans lequel se perdrait la qualité du sujet ;
car elle équivaut souvent à un adjectif. Exemples,

Phrase incidente.

Les passions , qui sont les maladies de l'ame , *ne
viennent que de notre révolte contre la raison.*
(Qu'on enlève ces mots , le sens de la phrase n'est
pas altéré.)

Phrase adjective.

Les passions qui nous subjuguent *tournent à la
honte de notre raison ; mais celles* que nous savons
surmonter *font notre plus grande gloire.* (Qu'on
enlève ces mots , et l'on ne sait plus quelles sont
les passions qui tournent à la honte de notre raison ,
ni celle qui font notre plus grande gloire).

Il faut aussi considérer les vues de l'esprit : Si je
pose le premier membre de cette phrase isolément , il
présente deux sens , dans l'un desquels les mots *qui
nous subjugent* sont une phrase incidente , et dans
l'autre une phrase adjective.

Si je considère les passions en général , ces mots
forment une phrase incidente ; et je dirai fort bien :
les passions tournent à la honte de notre raison ;
mais si je ne considère qu'une sorte de passions , ces
mots forment une phrase adjective qui *détermine*
quelle sorte de passions tourne à la honte de notre
raison : c'est pour cela que l'on nomme aussi cette
sorte de phrases , phrases déterminatives.

Il résulte de cette remarque , que la même phrase
ponctuée de telle ou telle manière présente des sens
différents : tellement que l'écrivain aura , par sa seule
ponctuation , changé le sens des mots qu'il aura écrits.
Exemple.

Ces mots ainsi ponctués : *Dieu ! protège la France,*
présente une invocation ; et sans ponctuation , *Dieu
protège la France* , ils présentent une affirmation.

97. *Du point (.).*

On met le point quand le sujet du verbe contenu dans la proposition principale a terminé l'action énoncée par ce même verbe.

On reconnaît que le sujet a terminé son action, quand un nouveau sujet se présente pour en commencer une autre : et l'on reconnaît enfin ce nouveau sujet à l'aide de la question *qui est-ce qui !* faite aux verbes des deux propositions : si deux sujets différents répondent à cette question, on jugera que la phrase est finie; mais si le même sujet répond aux deux verbes, voyez la règle suivante.

98. *Du point-et-virgule (;).*

1.° La question *qui est-ce qui !* étant faite pour reconnaître si la phrase est finie, et qu'il vienne en réponse un pronom représentant le sujet de la phrase précédente, on mettra le point-et-virgule : c'est-à-dire qu'ayant mis le point parce que le sujet avoit fini son action, on arrête la clôture de la phrase par la virgule, parce que le même sujet se presente de nouveau pour commencer une autre action.

Il en est de même, si l'un des compléments de la phrase précédente se présente de nouveau sous la forme d'un pronom.

Nota. La règle ci-dessus ne peut avoir lieu que lorsque la phrase précédente est déjà coupée de virgules. Dans ce cas il importe de faire ressortir le pronom représentatif du sujet de la phrase principale et de déterminer les phrases partielles.

Dans le cas où la proposition est simple, courte et n'est pas chargée de virgules, la virgule suffit. En un mot, le point-et-virgule n'est qu'une extention de la virgule : tellement que, pour exemples, il suffiroit de reprendre ceux que j'ai donnés pour la virgule, d'en étendre chacun des membres, et de remplacer la virgule qui les sépare par le point-et-virgule. Cependant, voyez les suivants.

Cette persuasion, sans l'évidence qui l'accompagne, n'auroit pas été si ferme et si durable ; elle n'aurait pas acquis de nouvelles forces en vieillissant ; elle n'aurait pu résister au torrent des années ; elle n'auroit pu, enfin, passer de siècle en siècle jusqu'à nous.

Quelle pensez-vous qu'ait été sa douleur ! **De** quitter Rome sans l'avoir mise en cendres ; d'y laisser encore des citoyens, sans les avoir passés au fil de l'épée ; de voir que nous . . . (Ici c'est *de* qui se représente à chaque membre de phrase).

Qu'un vieillard joue le rôle d'un jeune homme, quand un jeune homme joue le rôle d'un vieillard; que les décorations soient champêtres, quoique la scène soit dans un palais ; que les habillements ne .. (Ici c'est la conjonction *que*).

Elle n'est point autre à Rome, autre à Athènes ; autre aujourd'hui, autre demain. (Dans cet exem., le point-et-virgule remplace la virgule exigée entre deux termes de comparaison, parce que chaque terme contient déjà une virgule représentative des mots : *elle n'est*).

99.   *Des deux points* (:).

1.ᵉ On met les deux points avant une phrase explicative de la précédente : c'est-à-dire qu'ayant déjà mis un point pour annoncer que la phrase est finie, on en met un second pour l'arrêter et pour annoncer qu'on a encore quelque chose à écrire, soit pour expliquer le sens de la phrase précédente, soit pour l'étendre ou pour en donner une conséquence naturelle.

Les deux points diffèrent du point-et-virgule en ce que ce dernier arrête la fin de la phrase quand le même sujet, le même complément ou la même manière de parler se représente, et que les deux points l'arrêtent malgré que le même sujet ne se représente pas ; mais que celui qui se présente est nécessaire à l'intelligence de la phrase précédente. Exemple.

Dès que la clarté du jour pénètre dans le cabinet
du savant, il s'éveille ; ses nerfs se tendent et le
rendent capable d'agir ; ses sens ont repris leur
première vigueur ; ses affections se réchauffent ; son
ame s'élance dans les régions du sublime , il écrit :
des traits de feu jaillissent de sa plume.

2.° Avant une énumération annoncée par la phrase
précédente. Exemple.

Il y a dans la nature de l'homme deux principes
opposés : l'amour propre qui nous rappèle à nous,
et la bienveillance qui nous repand.

5.° Quand on va rapporter les paroles d'autrui.
Exemple.

Et l'Éternel a dit : la pitié prévaut dans mon cœur,
Je sacrifierai mon fils bien aimé pour le salut...

4.° Entre deux membres de phrase quand le premier
se trouve chargé de point-et-virgules. Dans ce cas les
deux points sont supplémentaires du point-et-virgule,
comme le point-et-virgule l'est de la virgule. Voyez
98, *nota.*

Remarques générales.

Les phrases incidentes, antécédentes, conséquentes,
les inversions, chaque terme de comparaison , enfin,
chaque membre de phrase est sujet aux mêmes règles
de ponctuation que la proposition principale.

Les mots *et , ou, ni, comme aussi, ainsi que*
pris pour *et ,* tiennent lieu d'une partie de la ponctuation : c'est-à-dire que ces mots remplacent la
virgule dans les cas où il en faudrait une , qu'on ne
met qu'une virgule quand il faudrait point-et-virgule,
qu'on ne met que point et virgule quand il faudrait
deux points , et qu'on ne met que deux points où il
faudrait le point.

Il est impossible de donner des règles pour tous
les accidents qui peuvent survenir dans le discours :
il faut abandonner le reste au génie de l'écrivain;
car, lui seul peut exprimer par la ponctuation le
sentiment qui l'affecte.

Le moyen de bien ponctuer est de ne le faire que lorsque toute la période est écrite : c'est alors qu'on peut en saisir l'ensemble, et l'on fera bien d'éviter le style periodique.

100. *Autres signes de ponctuation.*

Je ne donnerai pas d'exemples pour les règles suivantes, il suffit d'ouvrir un livre pour en trouver.

Alinéa.

Quand on veut porter l'attention du lecteur sur un nouveau sujet ou sur une nouvelle matière, on cesse d'écrire sur la même ligne et l'on en commence une autre en rentrant de deux ou trois lettres.

Point d'admiration (!).

On l'emploie après les interjections, les phrases interjectives ; après une invocation, une surprise ; après les mots *quel*, *quelle*, quand ils marquent l'admiration.

Point d'interrogation (?).

On le met après une interrogation faite par soi-même ; mais si l'on rapporte l'interrogation d'un autre, on la met entre deux virgules.

La parenthèse ( ).

Elle sert à intercaller quelque chose d'explicatif ou une réflexion dont on pourrait se passer.

Les guillemets (»).

Ils servent à rappeler les paroles d'un autre ou à citer un passage d'un écrivain.

Points de suspension (. . . .).

Ils servent à suspendre une pensée pour l'interrompre, afin de laisser deviner le reste, ou pour passer rapidement à autre chose, ou pour peindre le désordre des idées, ou pour laisser parler divers interlocuteurs.

Le tiret (—).

On s'en sert en place des points de suspension, quand on veut faire parler plusieurs interlocuteurs.

ÉLÉMENTS DE LA GRAMMAIRE FRANÇAISE.

> La grammaire étant l'art de lever les difficultés
> d'une langue, il ne faut pas que le levier soit
> plus lourd que le fardeau.
>
> *Pensées de RIVAROL..*

D<small>E</small> même que les ouvriers donnent des noms aux outils et aux matériaux dont ils se servent, afin de les distinguer, d'en reconnoître l'emploi et de s'entendre entr'eux ; de même les grammairiens sont convenus de donner aux mots qui représentent nos idées les noms suivants que l'on nomme *parties du discours.*

101.   *Parties du discours.*

Le N<small>OM</small> sert à nommer un objet quelconque.

L'A<small>DJECTIF</small> (*) exprime la qualité ou la manière d'être du nom.

Le V<small>ERBE</small> affirme l'existence de l'objet et sert toujours de lien entre l'objet et la qualité de l'objet.

E<small>TRE</small> est le mot qui caractérise l'existence. J<small>E SUIS</small>, veut dire j'*existe;* <small>JE FUS</small> veut dire j'*existai;* <small>JE SERAI</small>,

(*) Adjectif signifie *ajouté.* Comme ce mot ajouté sert à désigner la qualité de l'objet, à le surnommer, le mot *su nom* conviendroit peut-être mieux en français.

veut

veut dire j'*existerai*. Les hébreux crurent ne pouvoir
mieux définir l'essence de Dieu, que par l'assemblage
de ces trois temps ou époques d'existence. En hébreu,
JE, veut dire *je fus* ; HO, veut dire *je suis*, et VAH,
veut dire *je ferai*. Ces trois mots réunis formèrent
jéhovah. Ce mot étoit, pour les hébreux, si saint,
si révéré, qu'ils ne le prononçaient jamais ; ils l'ap-
pelaient *la parole*, en latin *verbum*, d'où est venu
le mot *verbe* qui est chez les chrétiens le nom mys-
térieux de la Divinité, et qui à dû nécessairement
passer en grammaire, puisqu'il représente les trois
temps naturels de l'existence.

Dans l'origine des langues, il n'y eut qu'un seul
verbe : le verbe ÊTRE, tous les autres ont été formés
de celui-ci et d'un adjectif : c'est-à-dire du mot qui
marque l'existence et de celui qui marque la manière
d'exister.

Tu charmais est pour *tu charmant étais*, tu
pourras, pour *tu pouvant seras* ; nous envierions,
pour nous *envieux serions* ; ils hâteraient, pour *ils
hâtifs seraient* ; Paul étudiera, pour *Paul etudiant
sera*.

C'est ainsi que les trois parties primitives du discours
se trouvent réunies dans le verbe ; car les mots *tu*,
nous, *ils*, *Paul*, sont des objets (noms) ; *charmant*,
envieux, *hatifs*, *etudiant*, sont des manières d'être,
(adjectifs), et les autres mots sont des parties du
verbe *être* qui indiquent l'époque de l'existence de
l'objet identifie avec la qualité de ce même objet.

Quand le verbe s'est trouvé réuni à une manière
d'être passagère et indiquant une action, il a exprimé
lui seul l'action indiquée par la manière d'être. Delà,
le verbe de situation et le verbe d'action.

D'autres parties du discours ont été ajoutées à ces
trois premières.

L'ARTICLE (*), qui annonce le sexe et le nombre

(*) Article veut dire articulation. L'article, en effet, sert

du nom qui va suivre. (Souvent, il ne peut annoncer que le nombre).

Le PRONOM, qui représente un nom déjà connu.

L'ADVERBE, qui exprime la manière d'agir.

La PRÉPOSITION , qui marque d'avance la position du nom.

La CONJONCTION , qui conjoint deux idées ou deux membres de phrase, et enfin,

L'INTERJECTION, qui est jeté entre les autres mots pour peindre les mouvemens subits de l'ame.

102. *Chacune des parties du discours a des divisions et des subdivisions.*

1.° L'ARTICLE se divise en

Défini. . . . $\left\{\begin{array}{l}\end{array}\right.$ Le la les, du des pour de le , de les , au aux pour à le , à les , tout toute, nul nulle, aucun aucune, chaque.

Indéfini. . . $\left\{\begin{array}{l}\end{array}\right.$ De du des qu'on nomme aussi partitif, quelque , certain , certaine, maint mainte et plusieurs.

Possessif. . . . . Mon, ma , mes, ton, ta , tes , son, notre , votre , leur, leurs.

Démonstratif. . . Ce, cet, cette, tel telle.

Interrogatif et exclamatif. . $\left\{\begin{array}{l}\end{array}\right.$ Quel, quelle, quels , quelles, selon qu'ils servent à interroger ou à marquer la surprise.

___

d'articulation au nom pour le faire mouvoir et le présenter selon le sexe , le nombre et le cas ou il se trouve.

Cette dénomination bonne pour les langues où l'article marque tout cela , ne convient pas à la langue française qui a besoin d'une préposition pour marquer les cas : on nommerait peut-être mieux cette sorte de mots PRÉNOMS, et l'on aurait la nomenclature suivante, *prénom, nom, surnom, pronom ,* qui , peut-être , n'est pas à dédaigner.

(115)

Numérique.

Un, une, deux, trois, quatre, cinq, six, sept, huit, neuf, dix, onze, douze, treize, quatorze, quinze, seize, dix-sept, dix-huit, dix-neuf, vingt. On dit vingt-un et vingt et un, trente-un et trente et un, quarante et un, cinquante et un; mais on n'emploie le mot ET pour aucun autre nombre.

On écrit *quatre-vingts*, *deux cents*, *trois cents*, etc., pourvu qu'aucun autre nombre ne suive ; car l'on écrit *quatre-vingt-deux*, *cinq cent vingt*, etc. Million est un nom, mille n'a pas de pluriel, mille (*distance*), prend un s.

2.° Le NOM se divise en

Substantif

propre..
Qui n'est propre qu'à un seul objet : Paris, Vagram, la Seine, le Jura, le Doubs, Pompée, Montmartre.

commun.
Qui est commun à toutes les choses de même espèce : cabane, plume, berger, habit, carlin.

générique.
Qui généralise plusieurs espèces sous une même dénomination : plante, chien, végétal, metal, outil.

collectif.
Qui collecte, réunit plusieurs noms communs sous une même dénomination : essaim, groupe, armée, constellation, bouquet, peuple.

Idéal. . . :
Qui n'est que dans l'idée, qu'on ne peut ni voir ni toucher : docilité, constance, douceur, vertu.

3.° Le PRONOM se divise en

Défini. . . . . Le la les, tout, nul, aucun, chacun, rien.

Indéfini. . . : . Certain, maint, quelconque, plusieurs.

Possessif. . . . Mien, tien, sien, nôtre, vôtre, leur, leurs.

Démonstratif. Ça, celà, ci, ceci, celui-ci, celle-là, celui, celle, ceux. *En* qui est pour de celà, *y* qui est pour à celà ; *il, le* quand ils signifient *cela* et *tel, telle,* etc.

Interrogatif. *Qui, que, quoi, lequel, laquelle, duquel, de laquelle, desquelles, auquel, à laquelle, auxquelles.*

Numérique. . . Un, deux, trois, quatre, mille et touts les nombres.

Relatif. . . . Les pronoms interrogatifs se nomment relatifs quand ils relatent un objet déjà nommé. Il faut y ajouter *dont* et *où, d'où* quand ces derniers signifient un des mots *lequel, laquelle,* joints à une préposition.

Personnel Je, tu, il, elle, nous, vous, ils, elles, eux, moi, toi, soi, me, te, se, le, la, les, lui, leur, (jamais *leurs* avant un verbe), en, quiconque, personne, autrui, on.

Pronominal.

Réciproque et réfléchi. Quand deux pronoms personnels se trouvent ensemble et dans l'ordre suivant, le second se nomme pronominal.

Je-me, tu-te, il-se, nous-nous, vous-vous, on-se.

Ce pronom se divise ensuite en réciproque et en réfléchi : réciproque, si deux objets agissent l'un sur l'autre ; réfléchi, si l'objet agit sur lui-même. Exemples comparés.

Réciproques.

Ces femmes s'aiment (l'une et l'autre).

Ces fruits se gâtent, (les uns gâtent les autres.)

Réfléchis.

Ces femmes s'aiment, (chacune s'aime seule).

Ces fruits se gâtent, (chacun se gâte par un vice interne).

4.º L'ADJECTIF se divise en adjectifs.

De manière. { Qui marque la manière d'être : bon, superbe, grand, certain, même, autre, admirable, nul.

D'ordre. { Qui marque l'ordre : premier, second, troisième, vingtième, millième, dernier.

De comparaison. { Qui compare : meilleur, moindre, pire, tel, même, (le que qui vient après se nomme *que* comparatif).

5.º L'ADVERBE se divise en adverbes.

De manière. { Qui marque la manière d'agir : comment, bien, mal, encore, vite, lentement, d'accord et tout ce qui répond à la question COMMENT.

D'ordre. . . . . Premièrement, secondement, dernièrement.

De comparaison. { Marque comparaison; comme, plus, davantage, moins, mieux, pis, tant, autant, tellement, si, aussi, ainsi, aussitôt, trop, fort, très; (le que qui vient après se nomme *que* comparatif.)

De quantité. { Quelques-uns le sont aussi de comparaison : combien, peu, plus, moins, guère, assez, trop, point, beaucoup, suffisamment, et tout ce qui répond à la question COMBIEN.

De temps. { Quand, lors, alors, aujourd'hui, demain, hier, et tout ce qui répond à la question QUAND.

De négat. et d'affir. Ne, ne pas, ne point, ne rien, oui, non, certes, soit, etc.

De lieu. . . Où, là, çà, ci, ici, ailleurs, alentour, en, y, etc.

6.° Du verbe.

Outre ce que j'ai dit du verbe , voyez 24 , 25, 26
et 27, on peut le considérer sous sept rapports différents. Le verbe faire entr'autres se nomme

Auxiliaire , quand il ajoute au sens d'un autre verbe.
Exemple , je *fais* faire un habit , on l'a
fait arrêter.

Actif , quand il a un complément direct , voy.
112 , quoi , exemple , je *fais* mon ouvrage , il a fait son ouvrage.

Passif , quand on peut renverser le verbe à
l'actif en employant le pronom on.
Exem., j'ai été *fait* bachelier , on m'a *fait*
bachelier : (je suis venu , on ne peut pas
dire on me vient : d'où il suit que venir
n'est pas un verbe passif.)

Neutre ou quand il n'a pas de complément direct.
de situation , Exemple , j'ai *fait*, j ai fini, sans ajouter
autre chose.

Réciproque, ils se *font* mal, (les uns aux autres).
Réfléchi , voy. 102 pronoms. Ils se *font* mal ,
(chacun se fait mal).

Impersonnel, quand le mot *il* ne représente aucune
personne ou aucun objet déterminé.
Exemple , il se *fait* que , comment se
fait-il ? remarquez que le verbe faire est
ici impersonnel et réfléchi tout-à-la-fois.

Il faut observer dans le verbe les modes, (c'est-
à-dire l'infinitif, l'indicatif, le conjonctif et l'appellatif). Les temps , les personnes et les nombres.
voy. 24.

7.° La Préposition se divise en prépos.

De lieu. { De, à, par, vers, en, dans, dedans,
contre, près, devant, derrière, sur,
sous, dessous, dessus, entre, chez,
voici, voilà.

De rapport.	Avec, sans, dès, depuis, selon, suivant, pour, contre, outre, environ, envers, touchant, malgré, nonobstant, sauf, moyennant, durant, pendant, attendu, vu, concernant, joignant, attenant, supposé, hormis, excepté.

8.° Les CONJONCTIONS gouvernent l'indicatif ou le conjonctif, ou bien l'un ou l'autre, selon le sens.

L'indicatif.	Et, ou, ou bien, ni, or, donc, car, mais, si, quant, cependant, parce que, puisque, lorsque, tout que.
Le conjonctif.	Afin que, avant que, à-moins-que, pourvu-que, au-cas-que, bien-que, non-pas que, quoique, quoi-que, quel... que, quelque... que, si... que et autres composées de *que*, excepté les précédentes et les suivantes.
L'un ou l'autre, v. 116 et 119.	Tellement-que, sinon-que, si-ce-n'est-que, de manière-que, de sorte-que, ensorte-que.

9.° L'INTERJECTION.

Ah, ha, eh, hé, ô, bah, hem, ouf, hélas, hola, haye, fi, ça-ça, là-là, bon, st, chut, quoi, que pris pour combien, et tout mot qui interromprait le sens de la phrase.

103. *Observations sur les parties du discours.*

Le même mot peut appartenir tantôt à une partie du discours, tantôt à une autre, selon le rôle qu'il joue dans la phrase : ainsi les mots suivants peuvent être,

Articles,	*Pronoms.*	*Adjectif.*
La vertu,	je *la* pratique,	
voilà *un* soldat,	en voilà *un*,	Dieu est *un*;
tel homme dira,	*tel* voudrait dire	la chose est *telle*;
certain écolier,	il en est de *certains*,	cela est *certain*;
nulle gloire...	hélas ! *nulle*,	votre avis est *nul*.

104. *Prépositions.*   *Adverbes.*

Pendez cela *au dessus* de la table ,	pendez cela là *au dessus.*
Il marche *devant* moi ,	marchez *devant.*
Derrière la maison ,	marchez *derrière.*
Il l'a mis *dessous* la table,	cherchez *dessus* et *dessous.*

105. *Conjonctions.*   *Adverbes.*

Ainsi-que vous le dites ,	vous le dites *ainsi.*
Aussi-bien, je n'en veux pas.	Il écrit *aussi bien* que vous.
Encore-que vous soyez instruit ,	il n'est pas *encore* instruit.
Comme (puisqu'il) est assidu.	Il est assidu *comme* vous.

106. *Tout mot peut devenir un nom si l'on met un article avant lui.*

On dit : le boire , le manger , le vouloir , le tout , un deux , un mille , le vrai , le beau , un devant , un derrière , *ce* est un nom dans tout *ce* que c-à-d : *toute la chose* que.

Les oui , les si , les mai , les pourquoi , les comment, sont des noms qu'enfanta le besoin du moment.

107. *Un mot qui a un équivalent appartient à la même partie du discours que cet équivalent.*

Mots à classer.	Équivalents.	Parties du ..
Tout heureux *qu'il* est ,	*quoiqu'il* soit heureux ,	conjonc.
*Quelqu'*heureux *qu'il* soit ,	*quoiqu'il* soit heureux ,	conjonc.
Il a *beau* faire ,	*quoiqu'il* fasse ,	conjonc.
Il est *tout* plein ,	*entièrement* plein ,	adverbe.
C'est *tout* ,	*toutes les choses* ,	pronom.
Tout mon livre ,	mon livre *entier* ,	adjectif.

Quelle que soit sa   *quoique* sa vertu
vertu ,   soit. . .   conjonc.

Je n'ai pas de *tels*   de livres *pareils* ,   adjectif.
livres ,

J'ai *quelque* cent   *environ* ,   préposition.
arpents,

108.   *EXPLÉTIVE , ELLYPSE.*

Il arrive qu'il y a dans une phrase , plus de mots
qu'il n'est besoin pour qu'elle soit intelligible ; on
appele le mot inutile, une EXPLÉTIVE : c'est-à-dire une
surabondance, une amplification de mots. On reconnaît
qu'il y a explétive quand le mot ne trouve pas sa
place dans l'analyse , voy. 136 , exemple :

Il lit mieux que vous *ne* pensez, (*ne* est inutile),
parce qu'il a fait une faute, il s'*en* prend à tout le
monde, (*en* est inutile).

Il arrive qu'il manque , dans une phrase, un ou
plusieurs mots; dans ce cas , l'on dit : il y a ELLYPSE
de tel mot ; c'est-à-dire suppression , sous - entente.
Exemple :

Le frère est plus savant que la sœur , on sous-
entend *n'est savante.*

Il a fait tout le bien qu'il a pu, on sous-entend
faire.

Donnez-moi du pain , (c'est-à-dire , *un morceau* de
le pain).

On peut dire qu'après un pronom, il y a ellypse
de la chose relatée; et dans ce sens, il n'y aurait
plus que des articles et point de pronom. *Exemples.*

Cette leçon, je *la* . . . lirai demain. c-à-d. je lirai
la leçon demain.

Voilà le livre *que* . . . j'ai lu. c-à-d. voilà *quel* livre
j'ai lu.

Avez-vous entendu dire que . . . je ne *l'* . . . ai pas
entendu. c-à-d. je n'ai pas entendu dire *la chose que.*

109. *Quelques difficultés,* TOUT *et* SON.

Le mot *tout* pris comme adverbe ou comme conjonction, prend le signe du féminin et du pluriel quand il est avant un nom féminin ou avant un mot qui commence par un ʜ aspiré, (ce sont des écarts de la langue). Exemples.

Adverbe.

Cette cruche est toute pleine. } *entièrement.*
Ces cruches sont toutes pleines.

Conjonction.

Toute capricieuse qu'elle est. } *quoique.*
Toutes hardies qu'elles sont.

Les mots *mon, ton, son,* se mettent au lieu de *ma, ta, sa,* avant un nom qui commence par une voyelle ou par un ʜ muet. Exemples.

Mon écolière, ton habitude, son ardeur, son aiguille.

1.° QUELQUE. ... QUEL QUE.

Quelque s'écrit en un seul mot et est invariable, s'il est suivi d'un adjectif. Exemples, *quelque* RICHES *qu'ils soient.*

Quelque s'écrit en un seul mot et est variable, s'il est suivi d'un nom. Exemple : *quelques* RICHESSES *qu'ils aient.*

Quel que s'écrit en deux mots et est toujours variable quand il est suivi d'un verbe. Exemple : *quelles que* SOIENT *vos richesses.*

2.° LEUR, LEURS.

Leur avant un nom est variable, parce que le nom peut présenter pluralité d'objets; mais *leur* avant un verbe n'est jamais variable, parce qu'un verbe ne présente pas pluralité d'actions. Exemples.

Ils ont soin de leurs LIVRES, *parce que nous les leur* RECOMMANDONS.

On dit collectivement : *ces cavaliers emmènent* LEURS *chevaux ;* et si l'on veut exprimer que chaque cavalier n'emmène que le sien , il faut dire : *chaque cavalier emmène son cheval.*

3.º *Le , la.*

Entr'autres significations , LE signifie *cela , cette chose là , cette qualité là ;* et *la* signifie ELLE , la personne dont il est question.

LE est relatif à la qualité, LA est relatif à la personne.

M.ᵉ êtes-vous malade ? je *le* suis. c-à-d je suis *cela.*

M.ᵉ êtes-vous la malade ? je *la* suis , c-a-d. je suis *la* malade.

M.ᵉ êtes-vous cette chanteuse, etc. ? je *la* suis, c-à-d. je suis *la* chanteuse.

110.　　　*Compléments.*

On appelle *complément* le mot qui complette un sens commencé. On peut dire, en général, que chaque mot est le complément de celui qui le précède.

Il y a deux sortes de compléments : le complément de verbe et le complément de préposition.

Les compléments de verbe se divisent en compléments directs (*), et en compléments indirects , le complément direct est celui qui répond à la question QUOI ? et le complément indirect est celui qui répond à l'une des questions DE QUI , DE QUOI , A QUI , A QUOI , où D'où , voy. 112.

Le complément de préposition réuni à sa préposition est ce qui forme le complément indirect du verbe; il

---

(*) On nomme aussi le complément direct , *régime , objet.* Le mot régime signifie *qui est régi* (On n'en est pas plus instruit). *Objet* est par opposition au mot *sujet* , nom qu'on donne au nominatif de la phrase , le nom de ces deux mots est en contradiction avec leurs fonctions.

Objet , *objectus* , signifie *mot jeté en avant* , et convient à ce qu'on appelle *nominatif.*

Sujet *subjectus* signifie mot *sujet , soumis , gouverné , régi* , et convient à ce qu'on appelle *régime* ou *accusatif ;* mais c'est une erreur consacrée et reçue par tous les grammairiens , il faut la respecter.

peut être considéré aussi, dans cette réunion, comme complément de *nom* ou d'*adjectif*, selon le mot qui reçoit la question.

Si le mot qui reçoit la question est un verbe, cette réunion sera un complément indirect, si c'est un nom elle sera complément de nom, et si c'est un adjectif, elle sera complément d'adjectif. Voy. 112, de qui, de quoi, à qui, à quoi, où d'où ?

On peut encore admettre le complément final. Voy. 113, *quand*, *comment*, *combien*, et le complément de conjonction. Voy. 102, conjonction et 116.

111.   *Concordances. Voy.* 123.

On appelle ainsi un accord de genres et de nombres dans les parties du discours qui ont des genres ou des nombres, et qui ont du rapport entr'elles.

L'intelligence des compléments et des concordances repose sur les questions suivantes : ces questions servent encore à reconnaître les parties du discours. Voy. 137, 138.

112.   *Tableau des questions.*

QUI EST-CE QUI ? Se fait avant un verbe ; elle fait connaître le sujet de la phrase, c-à-d. le moteur de l'action qui est exprimée par le verbe. *Pierre écrit*, qui est-ce qui écrit ? *Pierre.*

QUOI ? Se fait après un verbe ; elle fait connaître le complément direct du verbe. *Pierre écrit une lettre.* Pierre écrit quoi ? *une lettre.*

QUI EST-CE-QUI EST ? Se fait avant un pronom, un adjectif, un participe ou avant un verbe, pour trouver à quel nom chacun d'eux a rapport. *Pierre écrit la lettre que vous avez dictée.* Qui est-ce qui est dicté ? *la lettre.*

De qui,

de quoi !

Se fait après un nom, un adjectif ou après un verbe ; elle donne d'abord le complément de la préposition DE, et ensuite d'autres compléments. Voy. 110. *Pierre se repent de sa faute.* Pierre se repent de quoi ! *de sa faute.*

Pierre a le repentir de sa faute ; le repentir de quoi ! *de sa faute.*

Pierre est repentant de sa faute ; repentant de quoi ! *de sa faute.*

Sa faute est par-tout complément de la préposition DE ; mais dans le premier exemple *de sa faute* est le complément indirect du verbe *repentir* ; dans le second, il est complément de *nom*, et dans le troisième il est complément d'adjectif.

A qui,

A quoi !

Se fait après un adjectif ou après un verbe ; elle donne d'abord le complément de la prépos. A, et ensuite le complément indirect du verbe, ou bien le complément d'adjectif. *Pierre s'exerce à la danse.* Pierre s'exerce à quoi ! *à la danse. Pierre est habile à la danse ;* habile *à quoi !* à la danse.

Dans les deux cas, *danse* est complément de la prépos. A ; mais *à la danse* est complément indirect du verbe *exercer* dans le premier exemp. et dans le second, il est complément de l'adjectif *habile*.

Où d'où.

Fait connaître le complément de la préposition qui vient en réponse et le sens des mots *en, y.*

Mets cela sur la table, où ! *sur,* prép. *la table,* compl. de la prép., *Il vient de la chasse,* d'où ! *de* prép. *la chasse,* compl. de la prép. Il EN vient, est pour il vient de là, de la chasse. Il Y va, est pour il va là, à la chasse.

113.

QUAND ?
COMMENT ?
COMBIEN ?

Quand un mot aura échappé aux questions précédentes, on lui fera une de celles-ci. Ce mot doit nécessairement indiquer un temps, une manière de faire, une valeur, une mesure ou un poids, On le nomme complément final.

Il arrivera dimanche, il arrivera quand ? dimanche.

Il parle avec chaleur, il parle comment ? avec chaleur.

Cela pèse une livre, cela pèse combien ? une livre.

Il a fait dix lieues, il a fait combien ? dix lieues.

114.   *Manière de se questionner.*

1.° On lit la phrase jusqu'au premier verbe, on se demande *qui est-ce qui ?* en nommant le verbe, et le nom ou le pronom qui vient en réponse est nécessairement le sujet de la phrase.

2.° On revient sur le même verbe, on le nomme, et on demande *quoi ?* le mot qui vient en réponse est nécessairement le complément direct du verbe.

3.° Si la question *quoi ?* ne donne pas de réponse, on jugera que le verbe est un verbe neutre, et on mettra après lui une des questions *de qui, de quoi, à qui, à quoi, où, d'où ?* suivant le sens de la phrase, afin d'obtenir son complément indirect. Ces dernières questions feront distinguer le sens des mots *me, te, se, dont, en, y, lui, leur, nous, vous.*

4.° Quand on veut connaître le genre et le nombre d'un mot qui en est susceptible, on met avant lui, *qui est-ce qui est ?* et le nom qui vient en réponse sera certainement celui qui doit régler l'accord du mot qui a reçu la question.

5.° Voyez plus haut les questions *quand, comment, combien,* qui donnent le complément final.

6.° Quand un mot ne peut répondre à aucune des questions ci-dessus, ce mot est nécessairement à l'appellatif.

115. *Compléments des verbes actifs.*

Le verbe actif peut avoir pour complément direct un nom précédé ou non des mots DE, DU, DES, ou un pronom, ou un verbe précédé ou non des prépositions DE, A, ou bien une des conjonctions QUE, SI ou autre; pourvu que ces mots répondent à la question QUOI?

Paul demande du pain.	Paul demande quoi! du pain.
Paul étudie sa leçon.	Paul étudie quoi? sa leçon.
Quel sot! je le plains.	Je plains quoi? le (sot).
Paul aime mieux jouer.	Paul aime mieux, quoi? jouer.
Paul aime à s'amuser.	Paul aime, quoi? à s'amuser.
Paul finit d'écrire.	Paul finit, quoi? d'écrire.
Paul veut que je lise.	Paul veut, quoi? que....
Paul demande si tu lis.	Paul demande, quoi! si...
La leçon que Paul lit.	Paul lit quoi! *que* laquelle leçon.

On serait tenté de répondre : *la leçon*; mais non: leçon est le sujet d'une phrase ou le complément d'un mot encore inconnu et que je vais énoncer.

La leçon que Paul lit est facile.	Leçon est le sujet de *est*.
Voilà la leçon que Paul lit.	Leçon est complément de *voilà*.
Vois la leçon que Paul lit.	Leçon est complément de *vois*.

Puisque *leçon* est déjà sujet ou complément d'un autre mot, il ne peut·être en même-temps complément de LIT; il ne peut servir deux maîtres. Cependant pour remplir cette double fonction, il se fait représenter, auprès du second verbe, par le pronom QUE, qui devient à l'instant complément de ce second verbe , tandis que *leçon* reste attaché à sa première fonction.

Il en est de même pour QUI , DONT , EN , LE , LA , LES et autres pronoms.

116.   *Compléments de conjonctions.*

Les conjonctions qui veulent après elles le conjontif se trouvent entre deux membres de phrase. Le verbe renfermé dans le premier membre est à l'indicatif et celui renfermé dans le second doit être au conjonctif.

Les temps du conjonctif doivent correspondre aux temps de l'indicatif, ainsi qu'il suit. Quand il y aura dans le premier membre de phrase un présent ou un futur , on mettra le présent du conjonctif dans le second.

Quand il y aura un présent composé, un passé ou un conditionnel, on mettra un des temps passés du conjonctif dans le second ; d'où résulte la régle suivante : un présent ou un futur attire un présent, un passé ou un conditionnel attire un passé : on l'appéle RÈGLE d'attraction. Voy. 117 et 119. Exemples.

Temps simples.   *Temps composés* , v. 111.

Il veut ⎱   Il aura voulu   que je fasse.
il voudra ⎰ que je fasse.   il a voulu
                                 il avait voulu
Il voulait ⎱   quand il eut, etc. ⎱ que je
il voulut ⎰ que je fisse.   s'il eût voulu   ⎰ fisse.
il voudrait⎰   il aurait voulu

On dira : il a voulu que je *fasse* si l'on fait encore, voy. 119.

Temps surcomposés.

Quand j'ai eu dit   qu'il fît ,   il a fait.
Si j'avais eu dit   qu'il fît ,   il aurait fait.
Quand j'eus eu dit   qu'il fît ,   il fît en effet.
Quand j'aurai eu dit   qu'il fasse ,   il fera.
Il veut que j'aie eu dit qu'il fît ,   cela n'est pas.
Si j'eusse eu dit   qu'il fît ,   il aurait bien fait.
Quand même j'aurais eu dit qu'il fît , aurait il fait !

On

On dira qu'il *fasse* au lieu de qu'il *fît* si l'on veut rapporter exactement que l'on a prononcé : *qu'il fasse ;* voy. 119.

117   *Système du verbe.*

Jusqu'à présent on n'a vu le verbe que sous le rapport de l'orthographe ; nous allons le montrer sous le rapport grammatical et logique.

1.°   *T E M P S , P É R I O D E , É P O Q U E.*

Le mot temps n'est ici que la dénomination d'une des divisions du verbe, telles que *présent*, *passé*, *futur* ; et nous nous servirons des mots PÉRIODE et ÉPOQUE. pour déterminer l'emploi exact de chacun des temps du verbe.

Période signifie *intervalle*, *durée* ; époque signifie *point fixe*. Une durée quelconque est une période, laquelle peut contenir une ou plusieurs époques.

Les mots *siècle*, *année*, *mois*, *semaine*, *jour*, *heure* désignent une période ou une époque, selon qu'ils sont considérés comme durée ou comme point fixe. Par exemple :

L'intervalle écoulé depuis la création jusqu'à présent, est la plus longue période.

Le quinzième siècle, par exemple, est une époque, un point fixe dans l'intervalle précité ; mais il est période si je dis : *dans le quinzième siècle*, sans énoncer une des cent années qui le compose.

L'an 1530 est une époque prise dans le quinzième siècle, et une période si on considère cette même année dans sa durée de 365 jours.

Tel mois est époque relativement à telle année ; il est période relativement à sa durée de 30 jours.

Telle semaine est époque relativement à tel mois, et période relativement à sa durée de 7 jours.

Tel jour est époque relativement à telle semaine, et période, relativement à sa durée de 24 heures.

Telle heure est époque relativement à tel jour, et période relativement à sa durée par instants.

L'instant est époque relativement à telle heure, et ne peut être période, par ce qu'il est indivisible.

9

Le jour dans lequel on parle ne peut être période
ni époque, par ce qu'il n'est pas encore révolu; il ne
le sera qu'à minuit, instant où commencera le jour
suivant.

Les mots hier, aujourd'hui, demain, etc., indiquent
aussi des époques et des périodes.

2.º   *Tableau des Temps.*

Chacun des temps garde le nom qu'il a comme temps
simple. Voy. 24, en s'adjoignant la dénomination de
composé ou de *sur - composé*; ainsi l'on dira, par
exemple :

   présent.   *présent composé*   *présent sur-composé.*
   Je fais.   J'ai fait.   J'ai eu fait.

D'où résulte le tableau suivant :

TEMPS SIMPLES. TEMPS COMPOSÉS. TEMPS SUR-COMPOSÉS,

INFINITIF.

faire	avoir		avoir	
faisant	ayant	} fait	ayant	} eu fait.
fait	eu		*point*	

INDICATIF.

je fais	j'ai		j'ai	
je faisais	j'avais	} fait	j'avais	} eu fait.
je fis	j'eus		j'eus	
je ferai.	j'aurai		j'aurai	

CONJONCTIF.

que je fasse	que j'aie		que j'aie	
que je fisse	que j'eusse	} fait	que j'eusse	} eu fait.
je ferais	j'aurais		j'aurais	

APPELATIF.

fais	aye		aye	
faisons	ayons	} fait	ayons	} eu fait.
faites	ayez.		ayez	

118 *Signification et coïncidence des temps.*

Temps simples.

Un temps est passé ou futur, relativement au moment où l'on parle, et ce moment s'appelle présent.
voy. 1.º

Il y a deux passés : je FAISAIS et je FIS. Le premier
est nommé passé périodique ou simultané : périodique,
parce qu'il embrasse une certaine durée, un intervalle;
et simultané, si dans cet intervalle il se passe une
autre action. Voy. 2.º et 9 b

Le second, JE FIS, est nommé passé défini ou d'é-
poque, parce qu'il exprime une action passée dans
une époque *définie*, déterminée.

Le futur n'a pas besoin d'explication.

Temps composés et sur-composés.

Les temps qui sont sur la même ligne du tableau
sont appelés analogues; ils indiquent la même période
ou la même époque : ce qui les distingue est que les
temps composés sont antérieurs aux temps simples, et
que les temps sur-composés sont antérieurs aux temps
composés. Les temps sur-composés appellent une seconde action, ou bien l'action qu'ils expriment se fait
à une époque, exemple :

1.º   *Présents.*

Je fais mon devoir *maintenant*. (1).

J'ai fait mon devoir, n'importe quand.

J'ai eu fait mon devoir au temps convenu, avant
ou après lui, à telle heure.

2.º   *Passés simultannés.*

Je faisais mon devoir quand vous écriviez.

Je faisais, etc. quand vous êtes entré. (n'importe
l'époque).

_____

(1) Remarquez les mots *maintenant*, *hier*, *à telle époque*, et.
Ils aident à l'intelligence des temps.

Je faisais, etc. quand vous entrâtes. (A telle époque).

Le passé simultané simple se lie avec différents temps non analogues, selon la durée respective des deux actions. La durée égale appèle le même temps. Les durées inégales appèlent le présent composé, si la seconde action s'est faite dans une période, et le passé défini, si la seconde action s'est faite à une époque; de sorte qu'il faut considérer deux choses dans le passé périodique ou simultané : la durée respective des deux actions, et l'époque où la seconde action s'est passée.

Dans ce temps là , *j'avais* toujours *fait* mon devoir quand vous commenciez le vôtre. (L'action de finir et de commencer se touchent).

A l'époque dont vous parlez, *j'avais eu fait* mon devoir déjà la veille, à telle heure. (L'intervalle qui est entre les deux actions et plus grand de vingt-quatre heures, et il pourrait l'être davantage).

5.º   *Passés définis.*

Je fis mon devoir hier , la semaine dernière, le mois passé. (N'importe à quelle heure d'hier ou quel jour de la semaine).

J'eus fait mon devoir hier à telle heure, tel jour de la semaine dernière. (Ici l'époque est déterminée).

Quand *j'eus eu fait* mon devoir, j'allai me promener. (Ce temps-ci appèle une autre action qu'on exprime par un temps analogue.)

4.º   *Futurs.*

Je ferai mon devoir, (n'importe quand).

J'aurai fait mon devoir à telle époque, si l'on me promet une récompense.

Quand *j'aurai fait* mon devoir, j'irai à la chasse.

Si l'on me donne la récompense promise, c'est parce que *j'aurai eu fait* mon devoir plutôt qu'un autre, à l'époque qu'on aura désignée.

5.°   *Futurs conditionnels.*

Je ferais mon devoir si l'on me promettait, etc.
(n'importe quand).

J'aurais fait mon devoir maintenant, si l'on m'eût
promis une récompense.

J'aurais eu fait mon devoir hier, avant toi, si l'on
m'eût promis une récompense à l'époque où je le fai-
sois, et si l'on m'eût eu promis d'avance une récompense.

6.° *Tous les temps deviennent conditionnels quand
ils sont précédés de la. conjonction si.*

Si je fais mon devoir on me donnera une récompense.

Si je faisais mon devoir, on me donnerait, etc.

Si j'avais fait maintenant mon devoir, on m'aurait
donné , etc.

Si j'avais eu fait mon devoir, hier à telle heure, on
m'aurait donné une récompense.

7.° *Le présent simple peut encore exprimer un présent ou un futur, selon l'intention de celui qui
parle, alors il n'est plus conditionnel.*

Si *je fais* mon devoir, c'est parce qu'on m'a promis, etc.

(*Je fais* sera futur si le devoir n'est pas commencé,
et il sera présent si l'on s'occupe du devoir).

8.° *Les temps suivants n'expriment pas de condition, mais une réflexion.*

Si *je fis* mon devoir avant-hier, c'est qu'on m'avait
promis une récompense depuis huit jours.

Si *j'ai fait* mon devoir, c'est qu'on m'avait promis.

Si *j'ai eu fait* mon devoir hier avant toi, c'est
que, etc.

9.°   *JE FAISAIS, JE FIS, J'AI FAIT.*

Je faisais indique une période, une habitude; *je
fis* veut une époque.

J'ai fait est aussi nommé passé *indéfini*, par opposition au passé defini; il n'exige pas d'époque, et si

l'on rapproche le présent composé du présent simple, on verra que le premier est aussi vague que le second est précis.

L'année dernière *je faisais* mon ouvrage touts les jours. (habitude.)

L'année dernière *je fis* mon ouvrage dans la belle saison. (L'époque est déterminée.)

L'année dernière *j'ai fait* mon ouvrage tout seul. (L'époque n'est pas déterminée). Voy. 1.° 2.° et 3.°

J'ai fait, *j'ai écrit*, sans ajouter autre chose, signifie *j'ai fini*, j'ai achevé d'écrire, ou bien la chose est faite, la chose est écrite.

Ce que j'ai dit des temps simples, s'entend pour les temps analogues.

119. *TEMPS DU CONJONCTIF.*

Voyez 116 la coïncidence des temps du conjonctif avec ceux de l'indicatif. Outre cette coïncidence et le nom qui est propre à chaque temps du conjonctif, chacun de ces temps présente l'idée d'un futur, selon l'intention de celui qui parle et la nature de l'action exprimée par le second verbe.

PRÉSENTS.

1.° Il veut *que je fasse*. Si je fais déjà, c'est un présent; si je ne fais pas encore, c'est un futur.

2.° Il veut *que j'aie fait* mon devoir hier, et je l'ai fait ce matin. (Que j'aie fait est un passé).

3.° Il veut *que j'aie fait* mon devoir demain pour me mener à la campagne. (Le devoir n'est pas même commencé.) (*Que j'aie fait* est un futur).

4.° Il veut *que j'aie eu fait* mon devoir hier avant toi. (Celui-ci présente l'idée de passé et celle d'antériorité).

PASSÉS.

5.° Il voulait *que je fisse* mon devoir hier, aujourd'hui, demain. (Que je fisse est passé à l'égard du moment où je dis qu'il voulait, et futur à l'égard de celui qui voulait).

6.° Il voudrait *que je fisse* maintenant, demain ;
(*Que je fisse* n'est que futur, parce qu'on ne fait pas
encore).

7.° Il voulait *que j'eusse fait* hier, maintenant,
demain, (voyez 5.° c'est le même raisonnement).

8.° Il voudrait *que j'eusse fait* mon devoir hier, aujourd'hui, demain (passé à l'égard d'hier et d'aujour-
d'hui; mais futur à l'égard de demain).

9.° Il voulait, il voudrait que *j'eusse eu fait* hier,
avant toi (voyez 4.°, c'est le même raisonnement).

CONDITIONNELS.

Les temps conditionnels ne peuvent exprimer que
des futurs.

120 *Optatif.*

Les passés du conjonctif expriment seuls un souhait,
un désir. On les nomme dans ce cas OPTATIFS.

Eussé-je les trésors de Crésus ! je ferais des heureux.

Eussé-je fait mon devoir hier, je n'aurais pas été
puni.

Eussé-je fait mon devoir aujourd'hui, on ne me
punirait pas.

Eussé-je eu fait mon devoir hier, avant toi, je
n'aurais pas été puni, et l'on ne me punirait pas à
présent.

121 *Si j'avais, si j'eusse.*

Si *j'avais fait* mon devoir aujourd'hui, on ne me
punirait pas.

Si *j'eusse fait* mon devoir hier, on ne m'eût pas
puni.

Si *j'avais eu fait* mon devoir aujourd'hui, avant
toi, on ne me punirait pas, on ne m'aurait pas puni.

Si *j'eusse eu fait* mon devoir hier, avant toi, on
ne m'eût pas puni. (On ne doit pas dire si j'avais fait
mon devoir hier, si j'avais eu fait fait mon devoir
hier.)

122   *Remarques sur le conjonctif.*

On peut remarquer, par les exemples de 119, que
les verbes qui expriment le désir ou le commandement,
veulent le verbe qui leur est subordonné, au conjonctif.

On remarquera encore que la plûpart des verbes
qui sont suivis de QUE, adoptent le verbe suivant à
l'indicatif, s'ils sont pris dans le sens affirmatif; mais
que, s'ils sont pris dans le sens négatif ou interrogatif,
on met le second verbe à l'indicatif ou au conjonctif,
selon que la chose est certaine ou douteuse, dans
l'intention de celui qui parle. Exemple où le premier
verbe est au présent.

Affirmatif. . . $\begin{cases} \text{On dit qu'il } \textit{fait.} \\ \text{On dit qu'il } \textit{fera.} \end{cases}$

Négatif. , . . $\begin{cases} \text{On ne dit pas qu'il } \textit{fait.} \\ \text{On ne dit pas qu'il } \textit{fasse} \text{ maintenant} \\ \text{ou plus tard.} \end{cases}$

Interrogatif. . $\begin{cases} \text{Dit-on qu'il } \textit{fait ?} \\ \text{Dit-on qu'il } \textit{fasse} \text{ maintenant ou plus} \\ \text{tard.} \end{cases}$

On voit qu'il y a un double rapport, c'est-à-dire
un rapport de certitude ou de doute, et un rapport
de présent ou de futur. Ce double rapport n'a plus
lieu quand le premier verbe est au passé.

On disait, on ne disait pas, disait-on qu'il *faisait*²
qu'il *avait fait*, qu'il *avait eu fait*, qu'il *fit*, qu'il
eut fait, qu'il *eut eu fait* (quand), qu'il *ferait*²
qu'il *aurait fait*, qu'il *aurait eu fait*, son devoir²
qu'il *fit*, qu'il *eût fait*, qu'il *eût eu fait* son devoir
si...... (Tous les temps sont employés, hormis les
présents de l'indicatif et du conjonctif, et les futurs
de l'indicatif).

123   *Concordances. Voy.* 111.

Le nom est le chef de la concordance; il veut que
tout ce qui est en rapport avec lui, soit au même
genre et au même nombre que lui. On se rappellera

que ʀ est genéralement la marque du féminin, et que
s est la marque du pluriel.

Comme le verbe n'a pas de genre, il ne peut prendre
que la marque du pluriel. La manière de reconnaître
à quel nom une autre partie du discours a rapport,
est de faire au mot dont on cherche l'accord, l'une
des questions, *qui est ce qui !* *qui est ce qui est !*
et le nom qui viendra en réponse indiquera à quel
genre où à quel nombre on mettra le mot à qui l'on
a fait la question.

On fera la question *qui est-ee qui !* si c'est un
verbe dont on cherche le nombre, et la question *qui .
est-ce qui est!* Si c'est un pronom, un adjectif, ou
un participe dont on cherche le genre et le nombre.

Les soldats se battent. Qqui se bat ? Les soldats,
nom pluriel ; j'ecris battent avec *nt* au pluriel.

La vie éternelle. Qqui est éternel ? La vie, nom
féminin singulier.

J'écris éternelle avec un ʀ et non pas éternel.

Les alliés sont vaincus. Qqui est-vaincu ? Les alliés,
nom masculin pluriel. J'écris vaincus avec un s et
non vaincu.

Les armées vaincues. Qqui est vaincu ? Les armées,
nom féminin pluriel. J'écris vaincues avec ʀs.

S'il y a différentes personnes, le verbe s'accorde
avec la première personne, s'il y en a une, et avec
la seconde, s'il n'y a pas de première.

Toi et moi lisons, toi et lui travaillerez, c'est nous
qui écrivons.

124   *Valeur de plusieurs noms.*

Deux ou plusieure noms au singulier valent un
pluriel, et si ces noms diffèrent de genre, l'adjectif
se met au masculin.

Le jeûne et le silence y sont observés. Qqui est
observé ? etc.

Le garçon et la fille sont *morts* et non pas *mortes.*

125 *Si plusieurs noms sont compléments,
l'adjectif ne s'accorde qu'avec le dernier
nom. Exemples :*

Ce prince avait des vertus, des talens, un cœur
droit, sincère. Cet acteur joue avec un goût et une
noblesse *charmante.*

126 *Quand le verbe est à l'appellatif, il faut
faire attention au genre et au nombre
de l'objet à qui l'on adresse la parole.*

sois \	diligent ou dili-	soyons \	diligents ou dili-
soyez /	gente.	soyez /	gentes.
vis \	heureux ou heu-	vivons \	heureux ou heu-
vivez /	reuse.	vivez /	reuses.

On prendra garde à l'objet représenté par les mots
me, te, se, le, la, les, que

Je l'ai vu ou vu *e.*	Je me suis flatté ou flatté *e.*
Il les a vu *s* ou vu *es.*	Nous nous sommes flat-
	tés, es.

127.   *Mots collectifs.*

Les collectifs se divisent en collectifs propres et en
collectifs partiels.

Collectifs propres.	*Collectifs partiels.*
Une infinité, la plûpart,	Une moitié, un tiers, un
un nombre, une multitude,	quart, une espèce, une sor-
une foule, une troupe, etc.	te, une partie, les nombres
	et les noms de mesure.

Pour les uns et les autres, il faut rechercher l'idée
principale, et le mot qui exprime cette idée reglera
l'accord. (Les questions Qqui ou qq'est, feront connaître l'idée principale).

Un grand *nombre* de vaisseaux fut coulé à fond.
Qqi est coulé ? *Un grand nombre.* Et non pas les
vaisseaux.

La *foule* des voitures obstrue les rues. Qqui obstrue ?
La foule.

Le peu de vivres qui restait fut consommé. Qqui restait, qq'est consommé ? *Le peu.*

La plûpart, une infinité, *une* multitude (et non la multitude), peu, beaucoup, veulent après eux le pluriel, quand ils ne sont pas suivis d'un nom.

Une infinité, prétendent. La plûpart s'y opposent. Beaucoup seront appelés et peu seront élus. La multitude veut, elle s'est prononcée.

La moitié des arbres que j'ai plantés sont morts. Qqest mort ? *Les arbres,* en nombre de moitié.

La moitié des vignes a réussi et l'autre a péri. Qqui a réussi, péri ? *La moitié.* (Ici *moitié* ne signifie pas un nombre, il signifie une division).

128 Tout, ce, rien *à la suite de plusieurs noms restreignent le verbe au singulier.*

Honneur, fortune, amis, grandeurs, tout *est perdu.*

Remarquez les phrases suivantes.

Est-ce M. Dorville *ou* M. Raimond qui *sera* président ?

Ni M. Dorville, ni M. Raimond ne *sera* président, c'est-à-dire Aucun ne sera président.

Ni la beauté ni la richesse ne *font* le bonheur. (Ici les deux objets réunis ne font pas).

M. Dorville *et* M. Raimond seront présidents.

Un des biens les plus précieux *est* sans doute la santé.

Un des officiers qui se *sont* le plus distingu*és, vient* d'être récompensé. Qqui *s'est distingué* ? Les officiers. Qqui vient d'être récompensé? *Un* d'entr'eux.

129 *Adjectifs verbaux ou participes.*

Quand on met la question Qqest avant un participe, il faut prendre garde si le mot qui vient en réponse, est AVANT, ou APRÈS le participe.

Si le mot est avant, il y a accord; si le mot est après, il n'y a pas d'accord.

Exemples comparés.

Après.	Avant.

Vous avez *appris* la leçon. La leçon que vous avez *ap-prise.*

Qqest appris? la leçon. Qqest appris? La leçon.

J'ai *vu* mourir votre sœur. Votre sœur , je l'ai *vue* mourir.

J'en ai *ressenti* les peines. Les peines que j'en ai *res-senties.*

J'y ai *renfermé* des trésors. Les trésors que j'y ai *ren-fermés*

J'ai *cru* cette fille ver- Cette fille, je l'ai *crue* ver-
tueuse. tueuse.

130   *Renversemens ou inversions.*

Quelqu'*obstinés* que soient vos frères. C'est comme s'il y avoit quoique vos frères soient *obstinés.* Qqest obstiné? Vos frères.   -

Les glaces dont sont *couvertes* les mers du nord, c'est-à-dire les glaces dont les mers du nord sont *cou-vertes.*

Il l'auroit *méritée*, cette médaille, s'il eût travaillé.

131   *Exemples divers.*

La comète que vous avez annoncé *que* l'on verrait, s'est montrée. Qqest annoncé? *Que.* Qqest montré? La comète.

Il est arrivé que M., etc. Qqest arrivé? *Il.*

La tempête qu'*il* a fait cette nuit. Qqest fait? *Il* im-personnel; car personne n'a fait la tempête.

Cet ouvrage est fait comme je l'avais prévu. Qqest prévu? *l'* cela.

Les jours de mai ont été beaux , (*été* et *lui* sont invariables, ajoutez-y les mots *craint* et *plaint* qu'on n'accorde pas au féminin).

Je lui ai donné les avis que j'ai dû....... (On sous-entend *donner*).

Il a chanté tout ce qu'il s'est permis.... de chanter.

Nous avons composé plus de romances que vous
n'*en* avez *chanté*. Qqest chanté? *En.*

132 *Le participe suivi d'un présent de l'in-*
finitif.

Quand le participe est suivi d'un présent de l'infinitif, précédé ou non des prépositions DE A, on trans-
formera ce présent infinitif en participe, et on lui fera
la question QQEST.

S'il vient une réponse, le participe est invariable ;
s'il n'en vient pas, on fera la question au participe qui
sera nécessairement variable.

Les écoliers que vous avez *vus* étudier. Qqest étudié? Rien. Mais qqest *vu*? Les écoliers (participe variable).

Les leçons que vous avez *vu* étudier. Qq est étudié?
Les leçons (participe invariable.).

133 *Verbes neutres.*

Quand on ne peut pas mettre la question *quoi*, après
le présent de l'infinitif, le participe qui précède est
nécessairement variable. Voyez 112 à la quest. QUOI.

La femme que j'ai *vue* mourir. (On ne dit pas
mourir *quoi?*

Les enfans que j'ai *entendus* parler. (On ne dit pas
parler *quoi*, mais parler *de quoi*.

134 *Exemples subordonnés au sens.*

Le même participe est variable ou invariable, selon
qu'il reçoit ou qu'il refuse la question *Qqest*. S'il la
reçoit il est variable; s'il la refuse, il est invariable.

Variable.	Invariable.
Les choses que j'ai répon-dues. Qqest répondu? Les choses.	Les choses dont j'ai répon-du. On ne peut dire qq' est répondu.
Les effets que j'ai échap-pés.	Les dangers auxquels j'ai échapé.
Les lettres que vous avez chargées à la poste.	Les lettres dont vous avez chargé le messager.
Cette femme, je l'ai vue bouger (elle se bou-geait).	Je l'ai vu bouger (on la bougeait).

Je l'ai vue peindre (elle
peignait). Qqest peint?
Rien.

Je l'ai laissée faire (à
sa volonté). Qqest fait!
Sans réponse.
Qqest laissé ? Elle.

Je l'ai vu peindre (on la
peignait). Qqest peint?
Elle.

Je l'ai laissé faire (une robe
qu'elle faisait) Qqest
fait ? une robe.

135   *participes du présent.*

Le participe du présent est invariable dès qu'il a
un complément direct ou indirect; complément signifie
ici tout mot nécessaire pour compléter le sens du
participe, fût-il même précédé d'une préposition
quelconque.

Il est variable s'il est précédé d'un des verbes être,
devenir, paraître, rester ou autre verbe de situation
(neutre).

Ces femmes sont tremblantes devant les ennemis.

A mesdames.... demeurant sur la place Vendôme.
(On peut terminer le sens à tremblantes; on ne peut
pas le terminer à demeurant.)

136   *Analyse.*

On appèle analyser, classer un mot dans celles des
parties du discours à laquelle il appartient, énoncer
s'il est objet ou complément, et déterminer le rapport
que ce mot a avec d'autres ; afin d'en signaler la concordance.

Tout cela se fait au moyen de chiffres et de lettres,
selon l'ordre indiqué ci-après. Voyez au surplus 102
et 103.

1	ARTICLE.	
Défini	1	
Indéfini	2	
Possessif	3	
Démonstratif	4	
Interrogatif et Exclamatif	} ... 5	
Numérique	6	

2	NOM.	
Substantif { Propre	1	
Commun	2	
Générique	3	
Collectif.	4	
Idéal	5	
Numérique	6	

3	PRONOM.	
Défini	1	
Indéfini	2	
Possessif	3	
Démonstratif	4	
Interrogatif	5	
Numérique	6	
Relatif	7	
Personnel	8	
Pronominal	pr	

4	ADJECTIF.	
De manière	1	
D'ordre	2	
De comparaison	3	

5	ADVERBE.	
De manière	1	
D'ordre	2	
De comparaison	3	
De quantité	4	
De temps	5	
De négat., d'affirm.	6	
De lieu	7	
Que comparatif.	3	

7 prépositions.
8 conjonctions.
9 interjections.
0 explétive.

GENRES.

Masculin.	m
Féminin.	f

NOMBRES.

Singulier.	s
Pluriel.	p

PERSONNES.

Première.	1
Seconde.	2
Troisième.	3

COMPLÉMENTS.

Sujet de la phrase	1
Complém. de nom.	2
Compl. de prépos.	3
Compl. de verbe.	4
Appellatif.	5
Complément final.	6

CONCORDANCES.

Tous les mots qui seront sous la même concordance, seront marqués de la lettre A pour la première phrase, de la lettre E pour la seconde, de la lettre I pour la troisième, et ainsi de de suite : en recommençant par la lettre A quand on aura employé les cinq voyelles.

6. VERBE.

Auxil.,	x	1. *Infinitif.*	présent.		1
			participe présent.		2
			participe passé.		3
Actif	a.				
Neutre,	n.	2. *Indicatif.*	présent.		1
			passé.		2
			passé défini.		3
Pronom,	pr.		futur.		4
Récipr.,	r.	3. *Conjonctif.*	présent.		1
			passé.		2
Réfléchi,	rf.		conditionnel.		3
Impers.,	i.	4. *Appellatif.*	2.ᵉ personne singulier.		1
			1.ʳᵉ personne pluriel.		2
			2.ᵉ personne pluriel.		3

Nota. Les temps composés et surcomposés se marqueront avec le même chiffre que le temps simple qui leur correspond, en ajoutant la lettre c pour les temps composés, et les lettres s c pour les temps surcomposés (En cas que l'on fasse l'analyse logique, voy. 138).

137   *Modèle d'analyse* (1).

	parties.						compl.	conc.
on	3	2	s				1	
dit	6	a	2	1	3	s		
que	8						4	
la	1	1	f	s			1	a
statue	2	2	f	s				a
de	7							
Memnon	2	1	m	s			2	
rendait	6	a	2	2	s			a
un	1	6	m	s				e
son	2	2	m	s			4	e
articulé	6	a	1	3	s			e
quand	5							
elle	3	8	f	s			1	a
était	6	x	2	2	s			a
frappée	6	1	3	f	s			a
de	7							
les	1	1	m	p				i
premiers	4	2	m	p			3	i
rayons	2	2	m	p				i
de	7							
le	1	1	m	s				o
soleil.	2	1	m	s			2	o

On énonce ainsi cette analyse.

On 3.ᵉ partie, 2.ᵉ division, singulier; ou bien pronom indéfini singulier.

Dit 6.ᵉ partie, actif, 2.ᵉ mode, 1.ᵉʳ temps, 3.ᵉ personne singulier; ou bien verbe actif, indicatif présent, 3.ᵉ personne du singulier, etc.

---

(1) Outre la briéveté de cette analyse, on apprend à connaître avec précision les divisions et les subdivisions les plus éloignées de chaque partie du discours, les compléments, et enfin la concordance frappe la vue du moins exercé et le force à distinguer touts les mots qui ont des rapports entre eux. On ne peut poser un chiffre ou une lettre, sans en connaître exactement la signification et la valeur.

Cette manière d'analyse est susceptible de détails encore plus minutieux, en même temps qu'on peut la simplifier; elle est applicable à toutes les langues, sauf de légères modifications.

Il faut avoir soin de suivre exactement l'ordre établi dans le tableau, sinon les chiffres et les lettres se confondraient et perdraient leur signification.

138   *Analyse logique.*

L'analyse logique consiste à réunir, sous une seule partie du discours, plusieurs mots qui sont susceptibles de cette réunion.

On reconnaîtra que plusieurs mots sont suceptibles de réunion, quand ils formeront une réponse complette à l'une des questions connues.

1.° *Article.*

On a vu 102 que *du* est pour *de le*, *au* pour *à le*; on a vu 110 le nom et l'article se réunir à la préposition, pour ne former qu'un seul complément; on peut joindre à ce nom encore un ou plusieurs adjectifs, cela ne formera toujours qu'un complément. Exemples.

La fertilité *de la terre*. La fertilité *de la terre habitable.*

2.° *Nom.*

On a vu 106 que tout mot peut devenir un nom, une phrase peut aussi devenir un nom et être complément ou sujet

Je ressens un certain *je ne sais quoi*, voilà un beau *venez y voir*, il a un *pied de nez*, le *sine qua non* du traité de paix.

3.° *Pronom.*

Les pronoms qu'on peut décomposer comme : celui-ci, celle-là, moi-même, nous-mêmes, le mien, les miens, lequel, auquel, etc. se réuniront dans cette analyse pour ne former qu'un pronom et qu'un complément, ou qu'un sujet.

4.° *Adjectifs et adverbes.*

Ces mots se réunissent aux adverbes de comparaison pour former des comparatifs et des superlatifs.

Comparatif.

Pierre est aussi savant, plus ou moins savant que Paul; il étudie aussi assidûment, plus ou moins assidûment que Paul.

Superlatif.

Pierre est le plus ou le moins savant de ses camarades, c'est celui qui étudie le plus ou le moins assidûment.

L'adjectif et l'adverbe simples se nomment positifs par opposition à comparatif et à superlatif.

Toutes les réunions de mots qui exprimeront la manière d'être ou la manière d'agir du nom, seront considérées comme adjectifs ou comme adverbes.

Exemples.

Les enfants *qui se comportent bien* et *qui travaillent avec assiduité*, sont toujours aimés.

5.º *Verbes.*

Voyez 117 et 136. Ainsi qu'on réunit les verbes *avoir* aux participes du passé, pour former des temps composés et surcomposés, on y réunit également le verbe *être.*

On considérera aussi comme verbes les réunions suivantes :

Faire honneur, au lieu d'honorer. avoir envie, — envier. Rendre service, — obliger de.... Tomber d'accord, — s'accorder. Faire voir, — montrer. Faire savoir, — annoncer. Forcer à faire, — contraindre, obliger à.... et beaucoup d'autres.

6.º *Prépositions.*

On considérera comme prépositions les réunions suivantes quand elles auront un complément.

de-dessus	au-devant	à-la-faveur	en-vertu
de-dessous	au-dessous	à-l'exception	par-rapport
du-devant	au-niveau	à-l'opposite	au-péril
du-derrière	à-fleur	par-deçà	vis-à-vis

et beaucoup d'autres; elles seront adverbes si elles n'ont pas de complément. Voyez 104.

7.º *Conjonctions.*

On regardera comme conjonctions les réunions
suivantes et semblables.

quoiqu-il-en-soit   reste-à-savoir   à-la-charge-que
à-mesure-que   ni-plus-ni-moins   au-surplus

8.º *Interjections.*

On regardera comme interjections les réunions de
mots qui seront l'effet d'un mouvement subit de la
pensée.

ah mon Dieu !   n'avancez pas !   tout doux !
c'est fait de moi !   quelle surprise !   silence !
taisez-vous !   vous me faites peur !   qu'y faire !

139   *Remarques générales*

Sur les parties du discours, et moyens de les reconnaître.

L'article est avant le nom : or tout mot précédé
d'un article est un nom.

Le mot qu'on avait regardé comme article cesse de
l'être s'il se rapporte à un nom déjà connu, et on
l'appelle pronom.

L'adjectif et l'adverbe peuvent s'enlever de la phrase
sans que cela nuise au sens : ce qui servira pour
distinguer l'adjectif du pronom, et l'adverbe de la
préposition et de la conjonction.

La préposition a toujours un complément; l'adverbe
n'en a jamais.

Ce qui ne répondra pas aux questions *quand*, *comment*, *combien*, *où*, *d'où*, ne sera ni préposition ni
adverbe.

Tout mot avant lequel on peut placer *je*, *tu*, *il*,
elle est un verbe, à moins que ce verbe ne soit à
un des temps de l'infinitif ou de l'appellatif.

LES PARTIES DU DISCOURS MISES EN ACTION,

Ou aide-mémoire grammatical.

Pour soulager, mon fils, ta mémoire inhabile,
J'entreprends de fixer, sous un rithme indocile,
Des noms qu'on ne saurait concevoir sans efforts,
En donnant à chacun des passions, un corps ;
Pour ton intérêt seul, je tente l'entreprise.
L'utile fiction de tout temps fut permise ;
Et pour aider l'esprit, il faut parler aux yeux.

Tu vois l'avant-coureur du Nom impérieux;
C'est l'Article zélé de celui qu'il dévance,
Il m'annonce le sexe ainsi que la présence;
Rarement il se trompe, (1) il m'en dépeint les traits,
Le définit si bien que je le reconnais, (2)
Et, si le Nom devient d'un autre tributaire, (3)
Il me le dit aussi. Tantôt son ministère
Est de le désigner très-positivement,
Tantôt de n'en parler que partiellement. : (4)
Il se tait sur le sexe, alors que plus d'un maître,
Sur la scène des mots veut se faire connaître. (5)

Arrêtons nos regards sur ce maître attendu ;
C'est le prince des mots. Son pouvoir absolu
S'étend avec rigueur sur ce qui l'environne ;
Tout plie et se transforme aussitôt qu'il l'ordonne ;
Prénom, pronom, surnom (6) le verbe tour-à-tour,
Revêtent sa livrée et composent sa cour ;
Je crois, dans chacun d'eux, voir un autre protée,
Tant sa voix est puissante et de touts respectée.

---

(1) *Mon, ton, son*, remplacent *ma, ta, sa*, avant un nom féminin qui commence par une voyelle. (2) L'article défini. (3) L'article possessif. (4) L'article indéfini, qu'on nomme aussi *partitif*. (5) Le pluriel est de touts genres. (6) Voyez les notes de 191.

Il a plusieurs aspects : tantôt matériel,
Il est là, je le vois; tantôt surnaturel,
Il échappe à mes sens, et ma pensée active
Peut à peine saisir cette ombre fugitive;
Tantôt, d'un misanthrope affectant les travers,
Le Nom vit isolé dans ce vaste univers , (1)
Et tantôt, ennemi de cette vie obscure,
Il étend sa puissance, embrasse la nature. (2)

Un courtisan succède, et déjà sur son front,
Du souverain je lis ou l'éloge ou l'affront.
Souvent il le compare, et quelquefois extrême,
Il ajoute toujours à la vérité même;
Pour mieux le peindre encore, il sait adroitement
Prendre de son héros les traits le vêtement;
Il imite son sexe ou bien se multiplie,
Et suivant tous les cas, tellement il se plie, (3)
Que le nom satisfait de son zèle attentif,
Le nomme son adjoint, son qualificatif.

Le nom suivi des siens, sur la scène s'avance;
Il suffit qu'il paraisse et l'action commence.

L'action! Mais quel mot peut montrer à l'esprit
En quel mode, en quel temps, en quel nombre on agit.
Quelle est l'expression assez forte et précise,
Qui me la définisse et la caractérise ?

Verbe est le mot admis, et verbe est le vrai nom.
Ce mot doit sa naissance à la religion;
Du très-saint Jéhovah renfermant le mystère, (4)
Il se trouvait le seul qui convînt en grammaire,
Pour peindre tout d'un trait ce concours merveilleux
D'accidents que commande un nom capricieux :
Le verbe en est l'agent. Oisive (5) est son agence,
Si nul sujet connu ne ressent sa puissance;
Active, si frappant un ou plusieurs sujets, (6)

___

(1) Le nom propre. (2) Le nom collectif. (3) Dans les langues
qui ont des cas. (4) Voyez 101. (5) Neutre. (6) Sujet signifie
ici complément, voyez la note de 110.

Il leur en fait sentir la force et les effets,
Ou bien (si j'abandonne une route commune)
Les verbes sont des rois, diverse est leur fortune :
L'actif a des sujets, le neutre n'en a pas.

L'ACTION de l'agent revenant sur ses pas,
S'exerce sur l'auteur qui l'avoit provoquée, (1)
Et par fois sans sa cause elle m'est indiquée. (2)

Le verbe réunit des pouvoirs étendus :
Quel nombre de rapports sont en lui confondus,
Quel faste, quel éclat, quelle magnificence !
Il est parmi les mots, le mot par excellence ;
Il connaît le présent, pénètre l'avenir,
Fouille dans le passé, provoque le désir ;
Il exhorte, il annonce, il unit, il supplie ;
Il soupçonne, il affirme, il interroge, il nie ;
Il apporte au discours la force et la clarté,
Sans lui tout est cahos, tout est obscurité.

De plus d'un adjectif, le verbe est le principe,
Et c'est de lui qu'est né ce subtil participe,
Le tourment du français qui ne le conçoit pas ;
Enfin, rival du nom, le verbe a touts les cas.

QUELQUE grande que soit sa force et sa puissance,
Cet agent fastueux se meut par l'influence
Du nom qui le précède ; il doit toujours plier
Sous le joug de ce chef multiple ou singulier.

TEL, le maître des Dieux, armé de son tonnerre,
Obéit aux décrets du destin arbitraire.

MAIS de son propre chef rival ambitieux,
L'Agent, quoique sujet, va regner glorieux :
Un autre nom paraît, soudain il le gouverne
Et fait peser sur lui son pouvoir subalterne ;
Envain, ce nom L'ACCUSE aux yeux de l'univers,
Il se l'assujettit et l'accable de fers.

---

(1) Le verbe pronominal. (2) Le verbe impersonnel.

Sur un de ses pareils dans l'action suivante , (1)
Que cet agent exerce une humeur dominante;
Qu'au gré de son futur, qu'au gré de son présent,
Le présent d'un collègue ou faible ou complaisant
Réponde sans effort; (2) que le passé fléchisse
A la voix du passé; (3) qu'au gré de son caprice
L'Agent trop rigoureux force un conditionnel (4)
A reconnaître en lui son maître accidentel;
Que par un mot-lien (5) quelquefois il l'enchaîne;
(De ce lien souvent la force est incertaine.)
Qu'il le subjugue enfin, j'y consens, mais crois-moi ,
L'agent n'est qu'un ministre, et le nom seul est roi.

Envain le participe au nom refuse hommage:
Lorsque nul complément ne s'offre à son passage,
De ce nom qui s'éloigne, à mes esprits distraits,
Il doit représenter et le nombre et les traits : (6)
Près de lui quelquefois, telle est sa dépendance,
Qu'à peine on reconnaît son illustre naissance. (7)

Le souverain des mots abandonne ces lieux;
Mais je vois sur ses pas des délégués nombreux : (8)
De me le désigner quelques-uns se contentent ,
Dans ses possessions, d'autres le représentent;
Pour sa propre personne, un autre est député,
Et par d'autres souvent il n'est que relaté;
D'autres, d'interroger, ont les ordres sévères,
Et d'autres ont enfin différents ministères.
Ce sont des substituts : ainsi que le surnom,
Ils suivent en tout point la volonté du nom;
De ce maître jaloux ils portent la livrée,
Sinon leur mission resteroit ignorée.

Ne vas pas les confondre, ils sont ambassadeurs,
Les articles, toujours, sont des avant-coureurs.

---

(1) La phrase conjonctive. (2 , 3 , 4) indiquent la coïncidence
des temps entre l'indicatif et le conjonctif. (5) La conjonction.
(6) Ces quatre vers sont la règle exacte des participes du passé.
(7) Le participe du présent pris substantivement. (8) Les pronoms.

L'agent, parfois encore, quoique le nom l'enchaîne,
Peut, sur des mots nouveaux, étendre son domaine;
Avide de sujets, il en cherche en tous lieux;
Voit-il des substituts, il reconnaît en eux
De son puissant rival les traits et la parure,
Et les fait prisonniers sans qu'aucun d'eux murmure.

LE verbe est-il oisif, faible et sans action,
Il appèle à grands cris la proposition;
A l'instant on la voit, hardi stipendiaire,
Exercer sur les noms un pouvoir arbitraire,
Assigner à chacun sa place exactement,
Et s'enfuir aussitôt : son règne est d'un moment.

L'ACTION va finir, et ma muse débile
Se hâte de montrer l'aide-verbe immobile.
C'est encore un adjoint; différent du premier, (1)
Son sort est de servir près de ce verbe altier
Du nom qui le députe, avec un front sévère,
De l'action citée il peint le caractère;
Et, quel que soit le rôle à ses soins confié,
Sous le joug d'aucun maître il n'a jamais plié. (2)

POUR l'interjection, c'est le vrai cri de l'ame :
Elle agite, elle flatte, elle appaise, elle enflamme;
Tour-à-tour elle excite ou les ris ou les pleurs,
Et toujours elle fut l'interprète des cœurs.

(1) De l'adjectif. (2) L'adverbe est invariable.

FIN.

Nota. *Nous prions de transcrire chaque correction
à la place que l'Errata indique.*

ERRATA.

Page 1 ligne 10, etc. *écrivez*, et.

Page 11 ligne 4, après le titre, *écrivez* : On double
les consonnes après les pressyllabes a, e, i, o,
co, su.

Page 14 ligne 32, à la colonne *mots composés*, au
vent, *écrivez* auvent.

Page 15 ligne 27, voy. 90, 70, est à supprimer.

Page 21 ligne 31, voy. 95 et 97, *écrivez* : voy. 102
et 117.

Page 24 ligne 15, passé définitif, *écrivez* : passé défini.

Page 27 ligne 5, sont irréguliers, *écrivez* : sont ré-
guliers.

Page 28 ligne 30, vêtir et leurs composés, *écrivez*:
vêtir, vêtant, vêtu, je vêts, je vêtis et ses composés.

Page 29 ligne 8, *pas. déf.*, *écrivez* : présent indic.

Page 47 ligne 18, soit, *écrivez* : soi.

Page 77 dernière, affaiser, *écrivez* : affaisser.

Page 106 ligne 29, et qui tient lieu d'une virgule,
écrivez : *et*, qui tient lieu d'une virgule,

Page 113 ligne 5, je ferai, *écrivez* : je serai.

Page 128 ligne 33, il fit en effet, *écrivez* : il fît en
effet.

Page 133 ligne 15, on m'aurait donné, *écrivez* : on
me donnerait.

Page 133 ligne 16, hier, *écrivez* : aujourd'hui.

TABLE.

ORTHOGRAPHE.

TERMINAISONS DIVERSES.

ORTHOGRAPHE DES SONS ARTICULÉS.

. Fin de la Table.

www.ingramcontent.com/pod-product-compliance
Lightning Source LLC
Chambersburg PA
CBHW071224290326
41931CB00037B/1962